AF275024

... Títulos relacionados

IFCT0209 SISTEMAS MICROINFORMÁTICOS
[DISPONIBLE CERTIFICADO COMPLETO]

IFCT0110 OPERACIÓN DE REDES DEPARTAMENTALES
[DISPONIBLE CERTIFICADO COMPLETO]

Solicítalos en:
- Librería
- www.paraninfo.es
- Solicitudes nacionales +34 914 463 350
- Solicitudes fuera de España +34 913 308 907, +34 913 308 919

Verificación y resolución de incidencias en una red de área local
UF0855

Mauricio Matamala Peinado
Carlos Caballero González

© 2024 Ediciones Paraninfo, S. A.
© 2024 Mauricio Matamala Peinado
© 2024 Carlos Caballero González

Diseño y maquetación: Ediciones Nobel, S. A.

ISBN: 978-84-283-7032-5
Depósito legal: M-20354-2024
Impresión: Liberdigital (Casarrubuelos, Madrid)

Impreso en España

Autores

Mauricio Matamala Peinado es ingeniero superior en Informática desde 2004 por la Universidad de Málaga. La carrera profesional de Mauricio empezó por el desarrollo de aplicaciones, aunque se ha centrado en la administración de sistemas durante los últimos quince años. Ha trabajado como administrador de sistemas en varias empresas del Parque Tecnológico de Andalucía, donde ha desarrollado diferentes actividades relacionadas con la administración de redes, administración de sistemas operativos, administración de bases de datos, desarrollo de aplicaciones y seguridad. Empezó a experimentar con GNU/Linux en 1996, y su primer escritorio estable fue Red Hat Linux 4.9 en 1997. Desde entonces ha trabajado con varias decenas de distribuciones diferentes. Descubrió su pasión por la administración de sistemas tras montar un clúster de alto rendimiento utilizando cuatro máquinas virtuales GNU/Linux en el recién aparecido VMWare Workstation, en el año 2000. Desde entonces no ha dejado de estudiar diferentes aspectos sobre redes, sistemas operativos, bases de datos y seguridad. A pesar de ser especialista en sistemas GNU/Linux, también tiene larga experiencia en la administración de Windows Server, desde que en 2005 configuró su primer controlador de dominio Active Directory con Windows Server 2003. Su experiencia en la implantación y administración de redes se remonta a más de diez años atrás, cuando participó por primera vez en la implantación de una red corporativa. A día de hoy está especializado en el uso de productos Cisco, aunque también ha trabajado con productos de otros fabricantes.

Carlos Caballero González es doctor e ingeniero en Informática *cum laude* (2007 y 2013). Los estudios de doctorado realizados en Tecnologías Informáticas tienen mención especial de calidad por parte del Ministerio de Educación. Además, es titulado de varios másteres oficiales por la Escuela Técnica Superior de Ingeniería en Informática de Málaga (Inteligencia Artificial e Ingeniería del Software) y por la Escuela Técnica Superior de Ingenieros Industriales de la Universidad CEU-San Pablo.

Carlos Caballero es funcionario de carrera profesor titular de la especialidad de sistemas y aplicaciones informáticas dependiente de la Junta de Andalucía desde el año 2008, impartiendo docencia directa a alumnos de ciclo formativo de grado superior de la familia profesional de Informática y Comunicaciones (Desarrollo web en entornos cliente, Desarrollo web en entornos servidor, Diseño de interfaces web...). Además imparte docencia en el posgrado oficial de Desarrollo de Aplicaciones Móviles de la Universidad Oberta de Cataluña desde el curso 2013/2014 y es profesor del Ministerio de Educación en el proyecto Aula Mentor en el área de informática desde el curso 2012/2013.

Carlos Caballero ha buscado la excelencia en sus investigaciones tal y como avalan todas sus publicaciones en revistas del primer cuartil (dos publicaciones en la revista *Solar Physics*) y los congresos (más de diez) todos de primera línea. El candidato ha desarrollado trabajos en varios proyectos de investigación de excelencia de la Junta de Andalucía y el Ministerio de Ciencia y Innovación destacando "Sistemas de estimación de conectividad magnética Sol-Tierra y pronósticos de flujo de protones de altas energías (>10MEV)" y "Propuestas de actuación y parámetros de sostenibilidad en el acceso y la rehabilitación de la vivienda en Andalucía".

Índice

Introducción normativa

La Ley Orgánica 3/2022, de 31 de marzo, de ordenación e integración de la Formación Profesional, contiene una disposición derogatoria única que afecta a la regulación de los certificados de profesionalidad, ahora denominados **Certificados Profesionales.** La referida normativa deroga la Ley Orgánica 5/2002, de 19 de junio, de las Cualificaciones y de la Formación Profesional, y abre un escenario de cambios que se irán implementando progresivamente.

La Ley Orgánica 3/2022, de 31 de marzo, de ordenación e integración de la Formación Profesional implica que toda la formación es acumulable. La oferta formativa se estructura de forma escalonada, siendo los Certificados Profesionales un nivel intermedio (Grado C) de una escala que va desde el Grado A hasta el E.

En los artículos 35 a 38 de la Ley 3/2022 se describe en qué consisten estos Certificados Profesionales: su oferta, formación asociada, estructura, duración, acceso, titulación y validez. Posteriormente, esta normativa se completa con lo dispuesto en el Real Decreto 659/2023, de 18 de julio, que desarrolla la ordenación del sistema de Formación Profesional. Concretamente en los artículos 67 a 81 es donde se hace referencia a la oferta formativa de Grado C, correspondiente a los Certificados Profesionales.

Están agrupados en 26 familias profesionales con características comunes del sector. En la actualidad hay más de medio millar de Certificados Profesionales incluidos en el Repertorio Nacional. Esta cifra no deja de crecer. Además, cada certificado está específicamente regulado por un real decreto.

Un Certificado Profesional corresponde al Grado C de la oferta del Sistema de Formación Profesional. Es un documento oficial, con validez en todo el territorio nacional y debe constar en el Catálogo Nacional de Ofertas de Formación Profesional, que certifica la capacitación para el desarrollo de una actividad profesional.

Debe detallar los módulos profesionales superados y los estándares de competencia profesional asociados a él e incluidos en el **Catálogo Nacional de Estándares de Competencias Profesionales,** así como su correspondencia con el Marco Español de Cualificaciones.

Despliegan su validez en un doble ámbito, laboral y académico:

- En el contexto laboral tienen validez profesional, porque acreditan las competencias en una determinada profesión. Para poder trabajar en algunas profesiones, se exigen determinadas cualificaciones, y los certificados sirven para acreditarlas.

- Asimismo, tienen validez académica, puesto que permiten continuar un itinerario formativo siempre que se cumplan los requisitos de acceso para cursar la titulación deseada. De tal modo que, los Certificados Profesionales que sean parte de un Grado D permitirán la matrícula modular para completar los módulos establecidos en el currículo y obtener el correspondiente título de técnico básico, técnico o técnico superior con validez en todo el territorio nacional.

Para obtener un Certificado Profesional (Grado C) es preciso cumplir con los requisitos de acceso para realizar la formación.

Estructura de los Certificados Profesionales

I. Identificación: denominación, familia y área profesional a la que pertenecen; nivel de cualificación profesional (1, 2 o 3); cualificación profesional de referencia; entorno profesional y módulos formativos que esté previsto cursar junto con la duración de cada uno de ellos.

II. Perfil profesional: incluye las competencias profesionales requeridas en el mercado laboral. En todas ellas se concretan las realizaciones profesionales y los criterios de realización.

III. Formación: describe los módulos formativos que esté previsto cursar para adquirir las competencias requeridas. En cada uno de ellos se indican las capacidades que se pretende alcanzar y la duración del módulo de prácticas no laborales —PNL—, para el que cabe solicitar exención si se cumplen determinados requisitos.

IV. Prescripciones de las personas formadoras.

V. Requisitos mínimos de espacios, instalaciones y equipamiento.

Los Certificados Profesionales se identifican con una denominación concreta y un código alfanumérico propio, y sirven para acreditar una determinada cualificación profesional. Cada certificado está asociado a una relación de unidades de competencia que, a su vez, se vinculan con una serie de módulos formativos específicos. Algunos módulos están integrados por unidades formativas y tanto unos como otras son, en ocasiones, transversales, lo que significa que se trata de contenidos incluidos en más de un Certificado Profesional.

Los Certificados Profesionales se articulan en tres niveles de competencia profesional (1, 2 y 3) conforme a lo dispuesto en el que será el Catálogo Nacional de Estándares de Competencias Profesionales, anteriormente Catálogo Nacional de Cualificaciones Profesionales (CNCP), según los criterios establecidos de conocimientos, iniciativa, autonomía y complejidad de las tareas, en cada una de las ofertas de Formación Profesional.

La oferta formativa dirigida a la obtención de los Certificados Profesionales tiene carácter modular para favorecer la acreditación parcial acumulable de la formación recibida y posibilitar así el avance en el itinerario de Formación Profesional para cualquiera que sea la situación laboral de cada persona en cada momento.

En definitiva, el Grado C constituye la oferta, parcial y acumulable, del sistema de Formación Profesional, de varios módulos profesionales del catálogo modular de Formación Profesional por razón de su significado en el mercado laboral y conducente a la obtención de un Certificado Profesional.

Las ofertas de Grado C de Formación Profesional tendrán por objeto módulos profesionales incluidos previamente en el catálogo modular de formación profesional y asociados al Catálogo Nacional de Estándares de Competencias Profesionales.

Finalidad de los Certificados Profesionales

- Contribuir a la ordenación de un Sistema de Formación Profesional al servicio de un régimen de formación y acompañamiento profesionales que sea capaz de responder con flexibilidad a los intereses, expectativas y aspiraciones de cualificación profesional de las personas a lo largo de su vida.

- Combinar escuela y empresa situando a la persona en el centro del sistema.

- Facilitar el aprendizaje permanente de toda la ciudadanía mediante una formación abierta, flexible y accesible, estructurada de forma modular, a través de la oferta formativa asociada al certificado.

- Acreditar las cualificaciones profesionales o las unidades de competencia recogidas en estas, independientemente de su vía de adquisición, bien sea través de la vía formativa, o mediante la experiencia laboral o vías no formales de formación.

- Favorecer, tanto a nivel nacional como europeo, la transparencia del mercado de trabajo.

- Contribuir a la calidad de la oferta de Formación Profesional.

Este libro

El presente libro desarrolla la Unidad Formativa denominada *Verificación y resolución de incidencias en una red de área local*, UF0855.

Dicha unidad formativa está asociada a la Unidad de Competencia UC 0220_2, forma parte del Módulo Formativo MF0220_2 *Implantación de los elementos de la red local* perteneciente a las Cualificaciones Profesionales de referencia: IFC078_2, de nivel 2, incluida en el Certificado Profesional denominado *Sistemas microinformáticos* y IFC299_2, de nivel 2, incluida en el Certificado Profesional *Operación en redes departamentales*. Todas ellas se encuentran dentro de la familia profesional Informática y Comunicaciones.

Según el Real Decreto 686/2011, de 13 de mayo, modificado por el RD 628/2013, de 2 de agosto; el RD 1531/2011, de 31 de octubre, modificado por el RD 628/2013, de 2 de agosto, los contenidos que en esta obra se recogen se corresponden con una duración de 70 horas.

Tanto la estructura como el desarrollo del libro se ajustan a los citados reales decretos y más concretamente a los contenidos de la Unidad Formativa que le da título *Verificación y resolución de incidencias en una red de área local*.

Contenidos

1. **Verificación y prueba de elementos de conectividad de redes de área local.**
   - Herramientas de verificación y prueba.
     - Herramientas de verificación y prueba de los sistemas operativos.
     - Comandos TCP/IP.
     - Obtención de la Configuración IP.
     - Realización de pruebas de conexión.
     - Interpretación de respuestas.
   - Procedimientos sistemáticos de verificación y prueba de elementos de conectividad de redes locales.

2. **Tipos de incidencias que se pueden producir en una red de área local.**
   - Incidencias a nivel de conectividad del enlace.
   - Incidencias a nivel de red.

3. **Detección y diagnóstico de incidencias en redes de área local.**
   - Herramientas de diagnóstico de dispositivos de comunicaciones en redes locales.
   - Procesos de gestión de incidencias en redes locales.

4. **Comprobación de cables de par trenzado y coaxial.**
   - Categorías de herramientas de comprobación de cableado.
   - Analizadores o comprobadores de cable.
     - Características.
     - Procedimiento de comprobación de cables de par trenzado.
       - ✓ Circuito abierto.
       - ✓ Cortocircuito.
       - ✓ Hilos cruzados.
       - ✓ Pares cruzados.
       - ✓ Par dividido.
       - ✓ Detección de voltajes telefónicos.
       - ✓ Derivación en puente.
       - ✓ Detección de puertos Ethernet.
     - Procedimiento de comprobación de cables coaxiales.
     - Procedimiento de detección de alimentación por Ethernet.
     - Procedimientos de localización de cables utilizando tonos.

5. **Comprobación y solución de incidencias a nivel de red.**
   - Herramientas de comprobación.
   - Detección de problemas relacionados con:
     - Tramas largas y cortas.
     - Tráfico excesivo.
     - NetWare.
     - TCP/IP.
     - Configuración del *host*.
     - Resolución de nombres.
     - NetBIOS.
     - Conexión al servidor HTTP o *proxy*.
     - Conexión al servidor de correos.
     - Conexión al servidor de impresión.
     - Otros.

■ **Nota del Editor**

En Ediciones Paraninfo estamos comprometidos con la calidad de la formación e intentamos que nuestros materiales respondan fielmente y con rigor a las necesidades de todos cuantos confían en nuestro sello editorial.

Tratamos de dar respuesta a los currículos de las unidades formativas y de los módulos que integran los distintos Certificados Profesionales, equilibrando la parte teórica con la práctica para que los procesos de aprendizaje se conviertan en experiencias gratificantes, tanto para docentes como para las personas inmersas en los procesos formativos.

Nuestros objetivos son contribuir de forma decisiva a afianzar aprendizajes, ayudar a adquirir destrezas que tengan significado para el empleo y conseguir potenciar el desarrollo personal.

Para lograrlo contamos con excelentes autores, expertos en las materias que abordan, en la mayoría de los casos docentes de dichas especialidades con dilatada experiencia tanto profesional como académica, porque buscamos perfiles familiarizados con los contextos laborales concretos a los que se refieren nuestros manuales.

Confiamos en poder serte de ayuda y esperamos tus impresiones acerca de nuestro trabajo. Sean positivas o negativas, serán muy bien recibidas y, sin duda, nos ayudarán a seguir mejorando y trabajando con ilusión para continuar siendo un referente en formación para el empleo.

Agradecemos tu confianza en nuestros manuales. Todo nuestro equipo queda a tu total disposición. Puedes contactar con nosotros en esta dirección de correo electrónico:

info@paraninfo.es

1. Verificación y prueba de elementos de conectividad de redes de área local

Contenido

Introducción

Otros libros o unidades formativas relacionadas con redes de área local se centran en explicar cómo realizar la instalación y configuración adecuada de una red de área local. No obstante, el primer capítulo de este libro va a afrontar las redes de área local desde otro punto de vista, en concreto, se afrontarán temas relacionados con los problemas que surgen al explotar la red. Es decir, se asume que se dispone de una red de área local instalada y configurada adecuadamente, en la cual comienzan a aparecer problemas o se quiere supervisar que la red está funcionando de un modo adecuado.

La variedad de averías que puede surgir en el uso de redes de área local es bastante amplia, ya que los problemas pueden venir de diferentes puntos, tales como errores humanos, errores físicos (la instalación), errores de *software* o errores de configuraciones no adecuadas al problema que se quiere resolver. En este capítulo se van a presentar los problemas más frecuentes que afectan a las redes de área local y cómo se deben abordar para resolverlos.

1.1. Herramientas de verificación y prueba

Todo técnico que quiera realizar tareas de verificación y prueba de elementos de conectividad de redes de área local debe seguir el siguiente protocolo de actuación:

1. Identificar claramente cuál es el problema y los problemas que están apareciendo. A partir de la observación de qué problema se está produciendo en la red, se deben describir en una lista las posibles causas que pueden haber producido este error. Es importante remarcar no solo que en un primer momento es muy difícil saber cuál es la causa del problema, sino que además siempre pueden ser debidos a varios factores, los cuales se investigarán posteriormente.

2. Recopilar información de la situación antes y después de que se haya comenzado a producir la avería. Una de las principales tareas que se debe cubrir es entrevistarse con las personas que trabajan en el sistema y pueden haber causado la avería o son víctimas del error pero pueden dar pistas de qué está fallando al explicarnos paso a paso las acciones que ellos realizan en su trabajo antes y después de la avería. Además de las entrevistas con personas físicas, se deben utilizar herramientas informáticas que permitan recabar más información.

3. A partir de toda la información obtenida en los puntos 1 y 2 se pueden desechar algunas posibles causas que no tienen relación alguna con lo que los usuarios y las herramientas nos han ido indicando. De este modo, se pueden descartar caminos incorrectos a la solución y centrar los esfuerzos en algunas de las causas posibles.

4. Trazar un plan de actuación. En este caso, lo que se debe hacer es establecer un orden por probabilidad de causa de la incidencia o incluso por orden de esfuerzo para llevarla a cabo. De este modo, nuestro plan de actuación puede estar ordenado por las causas en orden de complejidad (esfuerzo temporal o coste de detener servicios, por ejemplo) o por orden de probabilidad de causa.

5. Siguiendo el plan de actuación trazado se debe ejecutar en orden y paso a paso tal y como se ha descrito en el paso anterior, de modo que se debe ir comprobando si las averías van desapareciendo poco a poco.

6. En caso de que las averías no desaparezcan al haber tomado una posible causa de la misma, se debe descartar esta causa como la causante del problema y retomar el punto 4 y tomar otra de las posibles causas.

1.1.1. Herramientas de verificación y prueba de los sistemas operativos

Los administradores de sistemas requieren de un conjunto de herramientas para poder afrontar el protocolo descrito en la sección anterior, y de ese modo localizar y resolver las incidencias que aparecen en la red. Por lo tanto, se debe disponer de los siguientes elementos actualizados:

- **Mapa de red:** este es uno de los principales elementos de los que dispone un administrador de red para poder aislar la avería y focalizar los esfuerzos en la zona donde se ha producido la avería. En este mapa de red se debe especificar la topología y las direcciones de los equipos y dispositivos de interconexión.

- **Protocolos operativos en la red:** tener identificados los protocolos que funcionan en la red, incluyendo los protocolos que utilizan los *routers*.

- **Conexión con el exterior:** disponer de una lista de todas las direcciones y puertos que son accesibles desde el exterior de la red de área local. Además, debe tenerse claro a qué equipos se les está aplicando NAT y a cuáles no.

- **Información de los servidores:** disponer de una lista de todos los servidores y servicios que brindan, así como de las versiones de las herramientas que tienen instaladas para este fin. Por ejemplo, si se brinda el servicio de una base de datos MySQL, tener información sobre la versión concreta instalada. Esto nos permite localizar problemas relacionados con la versión utilizada.

- **Histórico de incidencias:** disponer de la información sobre problemas que aparecieron en la red en el pasado y cómo se solucionaron. Esto nos permite conocer si una zona de nuestra red es crítica y fuente de problemas o simplemente que la avería del pasado no fue subsanada del modo correcto.

Una pieza fundamental que ayuda a los administradores a tener toda la información anteriormente descrita es la de disponer de un equipo o conjunto de equipos que se encargan de chequear toda esta información. Este equipo se conoce como **NOC** (*Network Operations Center*), el cual, constantemente, estará realizando las siguientes tareas:

1. **Estado actual de la red:** se visualiza en tiempo real la topología de la red, los elementos que están instalados y conectados e información de dónde se encuentran físicamente localizados. Además, se debe mostrar el estado actual de cada uno de los dispositivos y un historial de averías o paradas.

2. **Servicios:** se visualiza la lista de servicios que ofrece la red de área local y se pueden localizar en el propio mapa.

3. **Configuración de dispositivos:** muestra la información de configuración de cada uno de los dispositivos para poder localizar errores de configuración en alguno de estos elementos. Por otro lado, sería ideal modificar las configuraciones desde este equipo en remoto.

4. **Estadísticas:** se almacena información del funcionamiento de cada uno de los dispositivos, lo que permite conocer si se ha producido una sobrecarga en alguno de los elementos o si alguno se encuentra parado (puede ser síntoma de una avería).

1.1.1.1. HERRAMIENTAS DE VERIFICACIÓN Y PRUEBA DE LA RED

Las categorías en las que se pueden dividir las herramientas de verificación y pruebas de red son las siguientes:

- **Monitorización de la red**

  — **Comprobadores de red:** estas herramientas físicas nos permiten comprobar el adecuado funcionamiento físico de los cables. En la imagen de la Figura 4.1 de la sección 4.2 se muestra un *tester*.

  — **Monitores de red:** los monitores de red permiten visualizar la actividad que existe en la red en un intervalo de tiempo determinado. Los monitores de red capturan los paquetes que circulan por la red para poder ser observados. Hay que tener en cuenta que la cantidad de paquetes que se envía en una red es inmanejable por un humano, igual que buscar una aguja en un pajar. Por ello, las herramientas de monitoreo de la red permiten aplicar filtros que facilitan la tarea a sus administradores. Otra de las características que tienen los monitores de red, que permiten a los administradores conocer que la red se encuentra en un buen estado, es que tienen registros del número de paquetes que circula por la red, los que se han enviado correctamente o han fallado entre cada par de emisores y receptores.

— **Analizadores de red:** los analizadores de red son la evolución de los monitores de red, puesto que al margen de realizar las funciones de un monitor de red tratan de analizar y sintetizar la gran cantidad de información que circula por la red. Los analizadores que existen actualmente son capaces de diferenciar y catalogar los paquetes por el tipo de mensaje y el protocolo utilizado.

- **Herramientas internas de los *routers*:** los *routers* de alta gama poco a poco se van convirtiendo en estaciones de trabajo, puesto que incorporan su propio sistema operativo y sus propias herramientas *software* que permiten trabajar sobre el dispositivo físico. La variedad de herramientas es amplia, puesto que depende del fabricante, pero tratan de ofrecer información a un nivel inferior que el mostrado en las herramientas de monitoreo de red.

  — **Consulta de estado:** estas herramientas permiten conocer el estado de funcionamiento del dispositivo.

  — **Comprobación de líneas:** es posible que el *router* tenga alertas cuando se produce una avería en alguna de las conexiones.

  — **Monitorización:** permiten chequear que el funcionamiento y los protocolos que están configurados en el *router* están operando de manera satisfactoria.

1.1.1.2. HERRAMIENTAS DE VERIFICACIÓN Y PRUEBA DE LOS SISTEMAS OPERATIVOS

En el momento en que se produce una avería en un dispositivo y nos hemos cerciorado de que la avería no es *hardware,* en nuestro plan de actuación comenzamos a buscar una avería *software.* En el caso de que se quiera comprobar que el funcionamiento del sistema operativo es el adecuado, se dispone de una lista de puntos para chequear y localizar el posible fallo. A continuación, se muestran las herramientas que proporcionan los sistemas operativos para localizar los errores:

- **Ficheros de configuración del sistema:** en los ficheros de configuración del sistema se encuentran los parámetros para los diferentes servicios que proporciona el sistema operativo. Según el sistema operativo que se utilice como servidor, los ficheros de configuración se encuentran ubicados en diferentes rutas e incluso los parámetros varían. En los sistemas operativos de la familia de Microsoft, el contenedor donde se encuentra toda la información de configuración es conocido como el Registro, mientras que en los sistemas operativos basados en UNIX normalmente las configuraciones de los servidores están alojadas en directorios propios que cuelgan de la ruta /etc/, aunque esta ruta /etc/ puede ser modificada fácilmente por cualquier administrador del sistema para cada uno de los servicios que se ejecutan en el servidor.

- **Herramientas para el diagnóstico y recuperación:** es un conjunto de herramientas propias del sistema operativo que permiten diagnosticar, e incluso recuperar, las incidencias producidas. La mayoría de estas herramientas se presentarán a lo largo de este libro.

- **Archivos de registro de sistema:** el último pero gran recurso para diagnosticar qué ha sucedido en el sistema es el fichero de registro, también conocido como log. Los ficheros de registro se generan normalmente por cada servicio, es decir, se dispondrá de un fichero log para el servidor web, otro para el servidor FTP e incluso existen ficheros log que permiten conocer la carga y arranque del sistema operativo.

Una herramienta muy útil que proporcionan los sistemas operativos modernos son los diferentes arranques para poder acceder como usuario administrador y poder recabar información de lo sucedido o incluso realizar tareas de mantenimiento que permitan la recuperación del servicio. A continuación se van a describir los diferentes modos de arranque que existen en los sistemas operativos mayoritarios en el mercado.

1.1.1.2.1. *Modos de arranque en Windows*

La familia de sistemas operativos de Microsoft dispone de dos modos de arranque:

- **Arranque normal:** este es el modo natural con el que arranca el sistema. En él se dispone de todos los servicios configurados y operativos. Este sería el arranque en el que teóricamente todo debería funcionar.

- **Arranque en modo a fallos:** este arranque permite iniciar el sistema operativo con diferentes configuraciones. En este arranque no se cargan todos los servicios del sistema, sino que se cargan algunos de los servicios básicos para que el sistema funcione. Los modos de arranque del sistema permiten realizar modificaciones en ficheros, entre las que destaca modificar ficheros de configuración o des/instalar *software* que puede estar provocando incompatibilidades en el sistema.

- **Arranque por red/sin red:** es posible que se deshabilite la red en el arranque para aislar el problema a la máquina, independientemente de la red. De este modo, se puede conocer si el problema es de la red o del equipo aislado.

1.1.1.2.2. *Modos de arranque en Linux*

Los modos de arranque de los sistemas operativos GNU/Linux son un poco más complejos y existen hasta ocho niveles diferentes de ejecución. Aunque no tiene por qué ser idéntica en todas las distribuciones GNU/Linux, la mayoría de las distribuciones mantiene un comportamiento similar al que se va a enumerar a continuación:

- **0 (Parada de sistema):** este nivel se utiliza para indicar al sistema operativo que debe apagarse.

- **1 (Monousuario):** el sistema operativo opera en modo monousuario, es decir, solo podrá haber un usuario conectado al mismo tiempo (normalmente será el administrador en tareas de mantenimiento). En este modo, se accede a través de la línea de comandos y no se dispondrá de servicios de red.

- **S (Monousuario):** es idéntico al nivel 1, pero en este caso se utiliza como idioma del teclado el inglés (estándar *de facto*).

- **2 (Multiusuario local sin red):** este nivel es idéntico al nivel 1 en cuanto al acceso y a no disponer de servicios de red, pero se diferencia en el sentido de que ahora se permiten conexiones de varios usuarios simultáneamente.

- **3 (Multiusuario completo con red):** se agrega la capacidad de servicios de red al nivel 2. En este nivel aún se sigue accediendo al sistema utilizando la línea de comandos.

- **4 (Libre):** este nivel no está configurado por defecto, sino que se utiliza para que los administradores puedan establecer las políticas con las que desean que arranque este sistema.

- **5 (Multiusuario completo con red y entorno gráfico):** en este nivel se agrega la capacidad de arrancar entornos gráficos para los usuarios. Este es el modo de arranque por defecto en los sistemas operativos de ámbito doméstico, puesto que agregan la interfaz gráfica, la cual utilizan los usuarios finales.

- **6 (Reiniciar):** al igual que el nivel 0, se utiliza para apagar el sistema. En este caso se utiliza este nivel para reiniciar el sistema.

1.1.2. Comandos TCP/IP

En el supuesto de que se requiera diagnosticar o reparar una avería a nivel de red, se debe seguir el siguiente protocolo de actuación:

1. Incompatibilidad/conflictos entre el adaptador de red (tarjeta física) y el dispositivo que se conecta (equipo normalmente).

2. Conexión física del adaptador con la red (el cableado o señal inalámbrica).

3. Configuración de los parámetros de la red.

Para poder aplicar este protocolo, cada sistema operativo proporciona un conjunto de herramientas que permiten analizar, diagnosticar y reparar la red. A continuación se van a describir las herramientas principales y fundamentales que aporta cada uno de los sistemas.

1.1.2.1. GNU/LINUX

Las principales herramientas que aportan los sistemas operativos GNU/Linux (en gran parte compatibles con todos los sistemas *NIX) son las siguientes:

- **ifconfig:** utilidad que permite consultar la configuración de red de los adaptadores que están operativos en el sistema. Este comando permite comprobar qué IP tiene asignada el equipo, así como realizar modificaciones de bajo nivel del adaptador.

- **ip:** se utiliza para consultar la configuración de los parámetros TCP/IP y del encaminamiento del dispositivo. Además de consultar, este comando permite modificarlos a bajo nivel.

- **ping:** este comando se utiliza para comprobar si el equipo puede enviar mensajes a la red y para comprobar que el receptor puede recibir mensajes. No debe confundirse con incomunicación si no se recibe respuesta del receptor, debido a que este puede tener bloqueada la respuesta a las peticiones *ping*.

- **route:** permite configurar los parámetros de encaminamiento del dispositivo a bajo nivel.

- **traceroute:** sigue la pista a los paquetes que se envían desde un nodo de red (*host*). Además, realiza estadísticas de la latencia de red de esos paquetes.

- **nslookup:** comprueba si los servidores DNS están realizando la resolución de nombres de modo adecuado.

- **iptables:** esta herramienta permite establecer reglas para filtrar paquetes. La complejidad de esta herramienta es bastante considerable, puesto que permite configurar un completo *firewall* empresarial.

- **Nmap:** permite comprobar los puertos que se encuentran abiertos en los equipos locales y remotos. Esta herramienta es muy útil para diagnosticar, ya que permite conocer si un servicio está activo.

- **netstat:** puede utilizarse igual que *nmap* para conocer qué puertos están abiertos/escucha en un equipo local.

- **arp:** gestiona la tabla de asignaciones de direcciones IP y direcciones MAC.

- **dig:** es utilizada para diagnosticar problemas con DNS.

1.1.2.2. MICROSOFT WINDOWS

Las principales herramientas que aportan los sistemas operativos de la familia de Microsoft son las siguientes:

- **ipconfig:** es la herramienta equivalente a *ifconfig*; del mismo modo permite realizar configuraciones TCP/IP en el equipo local.

- **netsh:** es la herramienta que va a permitir configurar la conexión de red con la IP estática o dinámica.

- **ping:** es la misma herramienta que en los sistemas GNU/Linux.

- **tracert:** esta herramienta es parecida a *ping,* pero proporciona una lista de direcciones IP de equipos y *routers* por los que debe viajar el paquete para llegar a su destino.

- **arp:** es la misma herramienta que la mostrada en los sistemas GNU/Linux.

- **route:** es la versión equivalente a la presentada en los sistemas GNU/Linux.

- **NBTStat:** se utiliza para extraer estadísticas del protocolo NetBIOS y las conexiones TCP/IP. Además, se usa para resolver problemas que puedan aparecer por utilizar la resolución de nombres de NetBIOS.

- **NsLookUp:** esta herramienta sirve para realizar consultas directas o inversas sobre cualquier servidor DNS, incluidos los que están establecidos en la configuración del equipo. Esto es de gran utilidad en el caso de que se requiera información de los servidores DNS (fuente de errores a menudo).

1.1.3. Obtención de la configuración IP

En esta sección se va a ilustrar cómo obtener la configuración IP estática y dinámica utilizando los sistemas operativos GNU/Linux y Microsoft Windows.

1.1.3.1. GNU/LINUX

A continuación se van a describir los pasos necesarios para obtener la configuración IP estática utilizando GNU/Linux:

1. El primer paso consiste en acceder al terminal del equipo. Esto solamente puede llevarse a cabo realizando el *login* en el sistema (si no se dispone de interfaz gráfica), accediendo a un terminal virtual (pulsando las teclas CTRL + ALT + F1...F7) o accediendo a una herramienta que se encuentre instalada denominada **Terminal** o **Consola**.

2. Comprobar las interfaces de red que tiene el equipo detectadas y sus configuraciones haciendo uso del comando *ifconfig* y de la opción *-a*. En la siguiente muestra se pueden observar dos interfaces *enp4s0* y *wlp3s0* y sus IP y direcciones *hardware* (MAC) asociadas respectivamente. Además, se dispone de una interfaz denominada *lo* que corresponde a la de *loopback*, y a su vez con el equipo local.

```
host #>  ifconfig -a
enp4s0     Link encap:Ethernet  direcciónHW d8:cb:8a:80:cf:d5
           ACTIVO DIFUSIÓN MULTICAST  MTU:1500  Métrica:1
        Paquetes RX:0 errores:0 perdidos:0 overruns:0 frame:0
        Paquetes TX:0 errores:0 perdidos:0 overruns:0 carrier:0
           colisiones:0 long.colaTX:1000
           Bytes RX:0 (0.0 B)  TX bytes:0 (0.0 B)
           Interrupción:19
lo         Link encap:Bucle local
           Direc. inet:127.0.0.1  Másc:255.0.0.0
           Dirección inet6: ::1/128 Alcance:Anfitrión
           ACTIVO BUCLE FUNCIONANDO  MTU:65536  Métrica:1
        Paquetes RX:17724 errores:0 perdidos:0 overruns:0 frame:0
        Paquetes TX:17724 errores:0 perdidos:0 overruns:0 carrier:0
           colisiones:0 long.colaTX:1
           Bytes RX:1538172 (1.5 MB)  TX bytes:1538172 (1.5 MB)

wlp3s0     Link encap:Ethernet  direcciónHW b4:6d:83:4e:7e:97
           Direc.    inet:192.168.1.211         Difus.:192.168.1.255
Másc:255.255.255.0
     Dirección inet6: fe80::fda:58f5:5436:9310/64 Alcance:Enlace
      ACTIVO DIFUSIÓN FUNCIONANDO MULTICAST  MTU:1500  Métrica:1
    Paquetes RX:1599584 errores:0 perdidos:0 overruns:0 frame:0
    Paquetes TX:891779 errores:0 perdidos:0 overruns:0 carrier:0
           colisiones:0 long.colaTX:1000
     Bytes RX:1899136587 (1.8 GB)  TX bytes:129794449 (129.7 MB)
```

3. Para configurar las interfaces de red, se debe editar el fichero de interfaces: */etc/network/interfaces*. Para ello, se puede utilizar cualquier editor de texto (vi, vim, nano). En este fichero se debe identificar la configuración de la interfaz de red. Se debe especificar que se realizará una configuración estática (*static*) y los

elementos necesarios de configuración como son la máscara de red (*netmask*), la red (*network*), la dirección de *broadcast* y la puerta de enlace.

```
auto eth0
iface eth0 inet static
address 192.168.1.150
netmask 255.255.255.0
network 192.168.1.0
broadcast 192.168.1.255
gateway 192.168.1.1
```

4. Reiniciar las interfaces de red para aplicar los cambios realizados.

```
host #>   /etc/init.d/networking restart
```

5. Incluso es posible deshabilitar y habilitar la interfaz de red para asegurarnos que se toma la nueva configuración.

```
host #>   ifdown enp4s0
host #>   ifup enp4s0
```

En el caso de que se disponga de un servidor DHCP (equipo o *router*) y se desee configurar IP dinámicas, es necesario modificar la configuración del fichero descrito en el paso 3. La nueva configuración será la siguiente:

```
auto eth0
iface eth0 inet dhcp
```

1.1.3.2. MICROSOFT WINDOWS

Los pasos necesarios para obtener la configuración IP estática utilizando Windows son muy parecidos a los de GNU/Linux. A continuación se describen los pasos para realizar estas tareas en los sistemas operativos de la familia de Microsoft:

1. Mostrar toda la información relativa a los adaptadores de red. Se hará uso del comando *ipconfig* con la opción */all.*

```
C:\Windows\system32>ipconfig /all

Configuración IP de Windows

Nombre de host. . . . . . . . . :   carlos-PC
Sufijo DNS principal  . . . . . :
Tipo de nodo . . . . . . . . . : híbrido
Enrutamiento IP habilitado. . . : no
Proxy WINS habilitado . . . . . : no
```

```
Adaptador de Ethernet Conexión de área local:

Sufijo DNS específico para la conexión. . :
Descripción . . . . . . . . . . . . . . : NIC de Fast Ethernet
Realtek RTL139C+
Dirección física. . . . . . . . . . . . : 52-54-00-FA-BA-D6
DHCP habilitado . . . . . . . . . . . . : sí
Configuración automática habilitada . . . : sí
Vínculo: dirección IPv6 local. . . :
fe80::d40d:8035:ceda:892%11(Preferido)
Dirección IPv4. . . . . . . . . . . . . :
192.168.122.151(Preferido)
Máscara de subred . . . . . . . . . . : 255.255.255.0
Concesión obtenida. . . . . . . . . . . : sábado, 01 de octubre de
2016 1251:21
La concesión expira . . . . . . . . . . : sábado, 01 de octubre de
2016 1551:21
Puerta de enlace predeterminada . . . . .: 192.168.122.1
Servidor DHCP . . . . . . . . . . . . . : 192.168.122.1
IAID DHCPv6 . . . . . . . . . . . . . . : 240276480
DUID de cliente
DHCPv6. . . . . . . . . : 00-01-00-01-1F-81-4D-27-52-54-00FA-BA-D6
Servidores DNS. . . . . . . . . . . . . : 192.168.122.1
NetBIOS sobre TCP/IP. . . . . . . . . . : habilitado

Adaptador de túnel isatap.{78968A90-B226-4764-BE6D-4F262CA70FE6}:

Estado de los medios. . . . . . . . . . : medios desconectados
Sufijo DNS específico para la conexión. . :
 Descripción . . . . . . . . . . . . . . :
Adaptador ISATAP de Microsoft
Dirección física. . . . . . . . . . . . : 00-00-00-00-00-00-00-E0
DHCP habilitado . . . . . . . . . . . . : no
Configuración automática habilitada . . . : sí
```

2. Otra opción para conocer la información de la red sería utilizando el comando *netsh*, tal y como se muestra a continuación:

```
C:\Windows\system32>netsh interface ip show config

Configuración para la interfaz "Conexión de área local"
    DHCP habilitado: Sí
    Dirección IP: 192.168.122.151
    Prefijo de subred: 192.168.122.0/24 (máscara 255.255.
255.0)
    Puerta de enlace predeterminada: 192.168.122.1
    Métrica de puerta de enlace: 0
    Métrica de interfaz: 20
```

```
Servidores DNS configurados a través de DHCP:192.168.122.1
Registrar con el sufijo: Solo el principal
Servidores WINS configurados a través de DHCP: ninguno
Configuración para la interfaz "Loopback Pseudo-Interface 1"
    DHCP habilitado: No
    Dirección IP: 127.0.0.1
    Prefijo de subred: 127.0.0.0/8 (máscara 255.0.0.0)
    Métrica de interfaz: 50
    Servidores DNS configurados estáticamente: ninguno
    Registrar con el sufijo: Solo el principal
    Servidores WINS configurados estáticamente: ninguno
```

3. En caso de que se quiera configurar una IP estática, también se hace utilizando el comando *netsh* con las opciones de configuración de red pertinentes:

```
C:\Windows\system32>netsh interface ip set address name="Conexión de
área local" static 192.168.122.100 255.255.255.0 192.168.122.1

C:\Windows\system32>netsh interface ip show config

Configuración para la interfaz "Conexión de área local"
    DHCP habilitado: No
    Dirección IP: 192.168.122.100
    Prefijo de subred: 192.168.122.0/24 (máscara 255.255.
255.0)
    Puerta de enlace predeterminada: 192.168.122.1
    Métrica de puerta de enlace: 1
    Métrica de interfaz: 20
    Servidores DNS configurados estáticamente: ninguno
    Registrar con el sufijo: Solo el principal
    Servidores WINS configurados estáticamente: ninguno

Configuración para la interfaz "Loopback Pseudo-Interface 1"
    DHCP habilitado: No
    Dirección IP: 127.0.0.1
    Prefijo de subred: 127.0.0.0/8 (máscara 255.0.0.0)
    Métrica de interfaz: 50
    Servidores DNS configurados estáticamente: ninguno
    Registrar con el sufijo: Solo el principal
    Servidores WINS configurados estáticamente: ninguno
```

Los pasos necesarios para obtener la configuración IP dinámica utilizando Windows se limitan al comando *netsh* con los parámetros adecuados, como se ilustra:

```
C:\Windows\system32>netsh interface ip set address name="Conexión de
área local" dhcp

C:\Windows\system32>netsh interface ip show config

Configuración para la interfaz "Conexión de área local"
    DHCP habilitado: Sí
    Dirección IP: 192.168.122.151
    Prefijo de subred: 192.168.122.0/24 (máscara 255.255.
255.0)
    Puerta de enlace predeterminada: 192.168.122.1
    Métrica de puerta de enlace: 0
    Métrica de interfaz: 20
    Servidores DNS configurados a través de DHCP:192.168.122.1
    Registrar con el sufijo: Solo el principal
    Servidores WINS configurados a través de DHCP: ninguno

Configuración para la interfaz "Loopback Pseudo-Interface 1"
    DHCP habilitado: No
    Dirección IP: 127.0.0.1
    Prefijo de subred: 127.0.0.0/8 (máscara 255.0.0.0)
    Métrica de interfaz: 50
    Servidores DNS configurados estáticamente: ninguno
    Registrar con el sufijo: Solo el principal
    Servidores WINS configurados estáticamente: ninguno
```

1.1.4. Realización de pruebas de conexión

La herramienta utilizada para la comprobación de que se dispone de conexión en la red de área local (e incluso si están bien configurados los servidores DNS) será *ping*, la cual existe tanto en los sistemas operativos de la familia de *NIX como de Microsoft.

A continuación se van a describir algunas de las operaciones más comunes que se pueden realizar:

- **Verificación de los protocolos TCP/IP.** En este caso se comprueba que los protocolos TCP/IP están correctamente instalados y en funcionamiento. Esta dirección es especial, puesto que el paquete es enviado de vuelta hacia el equipo. Si la máquina tiene bien configurados los nombres de los dominios, normalmente la dirección *localhost* está asociada a la dirección 127.0.0.1.

```
host #>  ping 127.0.0.1
PING 127.0.0.1 (127.0.0.1) 56(84) bytes of data.
64 bytes from 127.0.0.1: icmp_seq=1 ttl=64 time=0.012 ms
64 bytes from 127.0.0.1: icmp_seq=2 ttl=64 time=0.017 ms
64 bytes from 127.0.0.1: icmp_seq=3 ttl=64 time=0.014 ms
^C
--- 127.0.0.1 ping statistics ---
3 packets transmitted, 3 received, 0% packet loss, time 1998ms
rtt min/avg/max/mdev = 0.012/0.014/0.017/0.003 ms
```

Observe que los *bytes* llegan correctamente. Además, se muestra el tiempo de latencia invertido para recibir los paquetes. Para finalizar el proceso, es necesario pulsar las teclas CTRL + C. Una vez hecho esto, se muestran estadísticas respecto a los paquetes enviados y perdidos.

- **Comprobar el adaptador de red.** En este caso, la petición de *ping* se debe hacer sobre la IP asignada al equipo. Será él mismo el que envíe y reciba el paquete (similar al *localhost*), pero el paquete saldrá de la máquina local a través del adaptador de red y volverá sobre sí mismo.

```
host #> ping 192.168.1.211
PING 192.168.1.211 (192.168.1.211) 56(84) bytes of data.
64 bytes from 192.168.1.211: icmp_seq=1 ttl=64 time=0.013 ms
64 bytes from 192.168.1.211: icmp_seq=2 ttl=64 time=0.017 ms
64 bytes from 192.168.1.211: icmp_seq=3 ttl=64 time=0.015 ms
^C
--- 192.168.1.211 ping statistics ---
3 packets transmitted, 3 received, 0% packet loss, time 1999ms
rtt min/avg/max/mdev = 0.013/0.015/0.017/0.001 ms
```

- **Comprobar la conectividad en la red de área local.** En este caso, se ejecutará *ping* sobre un equipo que se encuentra en la red de área local. Para ello, se deberá conocer la IP del equipo al que se quiere acceder.

```
host #> ping 192.168.1.200
PING 192.168.1.200 (192.168.1.200) 56(84) bytes of data.
64 bytes from 192.168.1.200: icmp_seq=1 ttl=64 time=7.51 ms
64 bytes from 192.168.1.200: icmp_seq=2 ttl=64 time=1.72 ms
64 bytes from 192.168.1.200: icmp_seq=3 ttl=64 time=1.74 ms
```

```
64 bytes from 192.168.1.200: icmp_seq=4 ttl=64 time=7.03 ms
^C
--- 192.168.1.200 ping statistics ---
4 packets transmitted, 4 received, 0% packet loss, time 3005ms
rtt min/avg/max/mdev = 1.720/4.503/7.511/2.777 ms
```

- **Comprobar conectividad con la puerta de enlace.**

```
host #> ping 192.168.1.1
PING 192.168.1.1 (192.168.1.1) 56(84) bytes of data.
64 bytes from 192.168.1.1: icmp_seq=1 ttl=64 time=4.13 ms
64 bytes from 192.168.1.1: icmp_seq=2 ttl=64 time=6.01 ms
64 bytes from 192.168.1.1: icmp_seq=3 ttl=64 time=1.40 ms
64 bytes from 192.168.1.1: icmp_seq=4 ttl=64 time=9.18 ms
64 bytes from 192.168.1.1: icmp_seq=5 ttl=64 time=2.88 ms
^C
--- 192.168.1.1 ping statistics ---
5 packets transmitted, 5 received, 0% packet loss, time 4004ms
rtt min/avg/max/mdev = 1.409/4.726/9.189/2.696 ms
```

- **Para comprobar la conexión a Internet.** En este caso, se debe conocer la IP de un sitio web y utilizar la dirección IP para hacer la consulta. En el siguiente ejemplo se utiliza la IP de www.google.es (216.58.211.227).

```
host #> ping 2a00:1450:4003:80e::2004
PING 2a00:1450:4003:80e::2004(2a00:1450:4003:80e::2004) 56 data bytes
64 bytes from 2a00:1450:4003:80e::2004: icmp _ seq=1 ttl=118 time=17.1 ms
64 bytes from 2a00:1450:4003:80e::2004: icmp _ seq=2 ttl=118 time=16.9 ms
64 bytes from 2a00:1450:4003:80e::2004: icmp _ seq=3 ttl=118 time=17.6 ms
64 bytes from 2a00:1450:4003:80e::2004: icmp _ seq=4 ttl=118 time=17.1 ms
^C
--- www.google.es ping statistics ---
3 packets transmitted, 3 received, 0% packet loss, time 2003ms
rtt min/avg/max/mdev = 19.393/25.283/35.611/7.327 ms
```

- **Para comprobar los servidores DNS.** Se puede utilizar la dirección web de un sitio conocido. Puede ser que este sitio tenga bloqueado las respuestas a las peticiones *ping*, por lo tanto se recomienda utilizarlo con sitios conocidos. Además, cabe la posibilidad de que esté caído el servidor web donde se está haciendo la petición *ping*. Al elegir el nombre de un sitio web en lugar de la dirección IP se está comprobando que se están resolviendo los nombres de modo adecuado.

```
host #> ping www.google.com
PING www.google.com(mad41s13-in-x04.1e100.net (2a00:1450:4003:80e::2004))
56 data bytes
64 bytes from mad41s13-in-x04.1e100.net (2a00:1450:4003:80e::2004):
icmp _ seq=1 ttl=118 time=18.3 ms
64 bytes from mad41s13-in-x04.1e100.net (2a00:1450:4003:80e::2004):
icmp _ seq=2 ttl=118 time=16.7 ms
64 bytes from mad41s13-in-x04.1e100.net (2a00:1450:4003:80e::2004):
icmp _ seq=3 ttl=118 time=18.0 ms

--- www.google.com ping statistics ---
3 packets transmitted, 3 received, 0% packet loss, time 2004ms
rtt min/avg/max/mdev = 16.671/17.668/18.310/0.714 ms
```

1.1.5. Interpretación de respuestas

En esta sección se muestran los posibles resultados proporcionados por el comando *ping*. En caso de que haya éxito, se han mostrado las salidas en la sección anterior. No obstante, puede suceder que la máquina no responda adecuadamente a una petición *ping*, por lo que tendremos los siguientes mensajes:

- **Destino no alcanzable.** Se trata de consultar una máquina que no se encuentra en la misma red y para la que no existe una ruta conocida. En la sección anterior se mostraron paso a paso las diferentes consultas que se pueden realizar para testear la conectividad. En caso de que el destino sea no alcanzable en alguno de ellos, ahí es donde se puede deducir que existe un error de conectividad.

```
host #> ping 192.168.1.20
PING 192.168.1.20 (192.168.1.20) 56(84) bytes of data.
From 192.168.1.211 icmp_seq=1 Destination Host Unreachable
From 192.168.1.211 icmp_seq=2 Destination Host Unreachable
From 192.168.1.211 icmp_seq=3 Destination Host Unreachable
^C
--- 192.168.1.20 ping statistics ---
```

```
5 packets transmitted, 0 received, +3 errors, 100% packet
loss, time 4023ms

pipe 3
```

- **Tiempo excedido.** Este mensaje normalmente se produce cuando se quiere alcanzar un *host* de la misma u otra red y no se obtiene respuesta alguna.

```
host #> ping 192.168.1.1

PING 192.168.1.1 (192.168.1.1) 56(84) bytes of data.

Request timed out.

^C

--- 192.168.1.20 ping statistics ---

1 packets transmitted, 0 received, +1 errors, 100% packet
loss, time 4023ms

pipe 3
```

- **TTL expirado en tránsito.** El valor de TTL determina la cantidad máxima de tiempo que un paquete IP permanecerá vivo en la red sin haber alcanzado su destino. Este mensaje indica que el paquete ha expirado mientras se estaba enviando. Es decir, el número de equipos intermedios es tan elevado que provoca que se exceda el tiempo TTL. La solución radica en incrementar TTL utilizando la opción *-i* de *ping,* de modo que su sintaxis sería: `ping www.sitiodestino.com -i 200`

  El comando anterior establece un valor TTL de 200.

- ***Host* desconocido.** La dirección IP o el nombre de la máquina no existe en la red o el DNS no puede resolver dicho nombre. Por lo tanto, revisa el nombre y el funcionamiento correcto de los servidores DNS.

1.2. Procedimientos sistemáticos de verificación y prueba de elementos de conectividad de redes locales

En esta sección se va a resumir el protocolo que se debe seguir para realizar la comprobación de los elementos de conectividad de las redes. Los pasos que se deben seguir son los siguientes:

1. **Conflictos entre el adaptador de red y el equipo.** En este paso hay que comprobar que físicamente está bien instalado el adaptador de red y su conexión con el equipo de trabajo. Para ello, se deben utilizar herramientas de testeo que se

verán en posteriores capítulos, las cuales permiten determinar si hay una avería física en el cableado. Posteriormente, hay que comprobar si existe algún tipo de conflicto entre el adaptador de red que se ha instalado en el equipo y este mismo. No debe olvidar que todo *hardware* que se instala físicamente en una placa base no necesariamente es compatible con el *chipset* de la placa base. Antes de proceder a realizar la instalación física de nuevos dispositivos, debe comprobar que entre estos existe compatibilidad.

2. **Comprobar el controlador.** Es necesario comprobar que el sistema operativo dispone de los controladores (*drivers*) adecuadamente instalados y configurados. Recuerde que cada sistema operativo tiene sus propios controladores que deben proporcionar los fabricantes del dispositivo. No obstante, en ocasiones la propia comunidad desarrolla controladores libres para manejar dispositivos ampliamente extendidos. En caso de que no se disponga de un controlador instalado para el dispositivo, no podrá utilizar el dispositivo físico (*hardware*).

3. **Configuración de los parámetros de la red.** Una vez establecida la compatibilidad *hardware*, se debe proceder a realizar la configuración lógica. En este paso se debe establecer la dirección IP, la máscara, la puerta de enlace, la configuración de los servidores DNS, etcétera.

4. **Pruebas de envío de mensajes entre los dispositivos.** Finalmente, se debe chequear que la red funciona adecuadamente llevando a cabo los pasos descritos en la sección anterior.

ACTIVIDADES

1.1. Describe los pasos que todo administrador o técnico debe llevar a cabo para verificar y probar los elementos de conectividad de redes de área local.

1.2. ¿Cuáles son las herramientas que un administrador debe disponer actualizados para localizar y resolver incidencias en la red?

1.3. ¿Qué es un NOC? ¿De qué tareas se encarga normalmente un NOC?

1.4. ¿Cuáles son las categorías en las que se dividen las herramientas de verificación y pruebas de red? Detalla cada una de estas herramientas.

1.5. ¿De qué mecanismos/herramientas disponen los sistemas operativos para realizar tareas de verificación y prueba de los mismos?

1.6. ¿Qué son los modos de arranque y para qué son útiles?

1.7. ¿Cuáles son los modos de arranque de los sistemas operativos de la familia de Microsoft Windows? ¿Y los modos de arranque de los sistemas operativos de la familia *NIX?

1.8. ¿Qué tres pasos se deben tener en cuenta para diagnosticar o reparar una avería a nivel de red?

1.9. Explica para qué son útiles las siguientes herramientas en los sistemas operativos GNU/Linux:

a) ifconfig.

b) ip.

c) ping.

d) router.

e) traceroute.

f) nslookup.

g) iptables.

h) nmap.

i) netstat.

j) arp.

k) dig.

1.10. Explica para qué son útiles las siguientes herramientas en los sistemas operativos de la familia de Microsoft:

a) ipconfig.

b) netsh.

c) ping.

d) tracert.

e) arp.

f) route.

g) NBTStat.

h) NsLookUp.

1.11. Realiza usando un sistema operativo GNU/Linux las configuraciones para obtener una IP estática y dinámica.

1.12. Realiza usando un sistema operativo de la familia de Microsoft las configuraciones para obtener una IP estática y dinámica.

1.13. Explica detalladamente las operaciones que se realizan con el comando *ping* para comprobar la conectividad de un equipo.

1.14. Explica detalladamente los diferentes mensajes que se pueden obtener de realizar las pruebas de conectividad de un equipo.

1.15. Describe el protocolo de actuación que se debe seguir para verificar y comprobar los elementos de conectividad de redes de área local.

2. Tipos de incidencias que se pueden producir en una red de área local

Contenido

Introducción

El OSI (Open Systems Interconnection) es el modelo estándar para clasificar las funciones de comunicación de otras arquitecturas. Fue desarrollado por la organización de estandarización ISO (International Organization for Standardization) con el objetivo de ser el marco de referencia en el desarrollo de protocolos. La ventaja que reporta este modelo es que permite analizar la red a diferentes niveles.

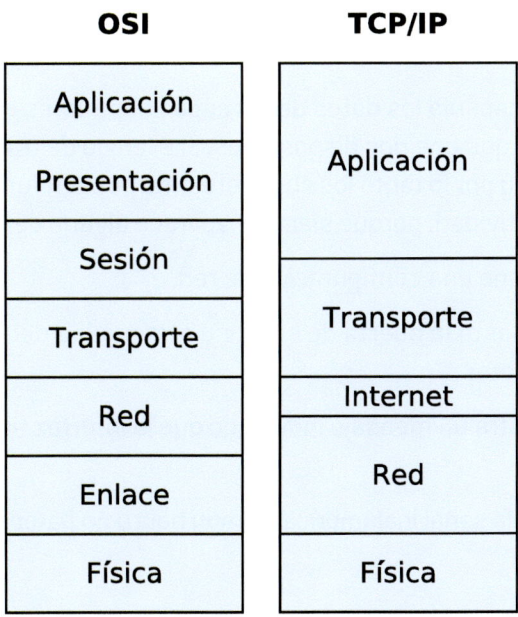

Figura 2.1. Comparación del modelo de referencia OSI y la pila de protocolos TCP/IP.

Los problemas de una red pueden estar relacionados con cualquiera de los niveles según el modelo de referencia OSI e incluso con aplicaciones que se ejecutan a nivel de usuario. En este capítulo, analizaremos los problemas relacionados con los niveles 2 y 3 según el modelo de referencia OSI, es decir, el nivel de enlace y el nivel de red. En el apartado 2.1 se analizan los tipos de incidencias a nivel de enlace y en el apartado 2.2 las incidencias a nivel de red.

2.1. Incidencias a nivel de conectividad del enlace

El análisis que el administrador hace de una incidencia debe incluir dos aspectos: síntomas y causas. En el Capítulo 5 se tratarán las herramientas y técnicas más comunes para detectar y solucionar cada uno de estos problemas.

2.1.1. Síntomas a nivel de enlace que indican un problema

Cuando el nivel de enlace según el modelo de referencia OSI presenta un problema, los niveles superiores se ven afectados. En muchas ocasiones un administrador de redes se centra en un nivel superior sin éxito, porque el origen del problema está en el nivel de enlace. En los siguientes apartados se enumeran algunos de los síntomas más comunes que aparecen cuando hay un problema a nivel de enlace.

2.1.1.1. NO HAY CONECTIVIDAD EN EL NIVEL DE RED O SUPERIOR

El nivel de enlace encapsula los datos de las capas superiores y permite su transporte a través del medio que une dos dispositivos. Si el envío de tramas no llega a producirse, el nivel de red (y por lo tanto los superiores) no pueden funcionar. Es fácil detectar que no hay conectividad, porque siempre aparece alguno de los siguientes signos:

- El equipo no tiene una configuración de red.
- Al hacer *ping* hasta la puerta de enlace u otro equipo del segmento se pierden todos los paquetes.
- El equipo muestra un mensaje indicando que la interfaz tiene conectividad limitada o nula.
- La potencia de la señal inalámbrica es muy baja y no parece haber conectividad.

2.1.1.2. LA RED OPERA POR DEBAJO DEL RENDIMIENTO REQUERIDO

Existen dos manifestaciones de un bajo rendimiento de la red:

- El enlace está saturado por un exceso de tráfico.
- Hay un alto número de tramas descartadas.

Ambas circunstancias pueden detectarse mediante un ping continuo a la puerta de enlace u otro equipo del segmento, si se observa alguna de las siguientes circunstancias:

- Algunos *pings* no reciben respuesta.
- El tiempo de respuesta es alto. En un enlace Ethernet el tiempo de respuesta no debe exceder un milisegundo (1 ms).

Puede haber muchas causas detrás de un enlace lento, desde una puerta de enlace saturada hasta un ataque DoS[1].

---

[1] DoS (*Denial of Service*) busca que un servicio deje de estar disponible para los usuarios. Por lo general, este tipo de ataque se consigue saturando el servicio con una carga de trabajo superior al que puede gestionar. Cuando se aplica un ataque DoS sobre un equipo o varios de la red, el objetivo es anular la conectividad total o parcialmente de estos equipos.

2.1.1.3. EXCESIVO TRÁFICO *BROADCAST*

Muchos protocolos emplean el tráfico *broadcast* o *multicast* para descubrir la red. El tráfico *broadcast* recorre todos los rincones de la red, incluso en una red conmutada mediante *switches,* lo que provoca una bajada del rendimiento de la red. El exceso de envío de tramas *broadcast* puede ser indicativo de múltiples cosas. Algunas de ellas son las siguientes:

- **Aplicaciones o servicios pobremente configurados**: la configuración incorrecta de un servicio puede provocar el envío excesivo de paquetes *broadcast*. Por ejemplo, si se están utilizando servicios antiguos que dependen de NetBIOS, y no se utiliza un servidor WINS para la resolución de nombres, la red puede saturarse de consultas NetBIOS en forma de paquetes *broadcast*.

- **Dominios *broadcast* demasiado grandes**: el tráfico *broadcast* es reenviado por los *switches* hasta cada rincón de la red. Los paquetes *broadcast* son necesarios, por ejemplo, cuando un *host* necesita conocer la dirección física de otro o cuando necesita adquirir una nueva configuración de red del servidor DHCP. Una red incluye muchos *hosts* que envían paquetes *broadcast* periódicamente. Cada paquete *broadcast* ocupa durante una fracción de tiempo la red, y si el total supera el 5 % del tráfico, empieza a ser un problema.

- **Bucles entre *switches* que no implementan STP**: en principio, las redes conmutadas mediante *switches* deberían tener un único camino de unión entre dos *hosts* cualesquiera de la red. Cuando esta condición no se da, y dos *switches* están conectados entre sí por medio de más de un camino, se produce lo que se denomina un bucle. Un bucle puede dejar inoperativa una red, y el protocolo STP permite resolver este problema.

2.1.1.4. MENSAJES DE ERROR EN CONSOLAS DE ADMINISTRACIÓN

Las consolas de administración de los dispositivos de *networking* muestran mensajes de error cuando se producen problemas en la manipulación de las tramas, ya sean recibidas o enviadas, y cuando no se recibe respuesta del otro extremo del enlace. Estos mensajes se pueden observar en los visores de eventos en las consolas gráficas, o bien en forma textual en los sistemas sin consola gráfica.

2.1.2. Causas de los problemas a nivel de enlace

En los siguientes apartados se enumerarán las causas más comunes que provocan los síntomas enumerados en el apartado 2.1.1.

2.1.2.1. TRÁFICO EXCESIVO: EXISTE UN CUELLO DE BOTELLA

Las redes modernas se diseñan siguiendo un modelo jerárquico que establece una división en capas que cumplen diferentes funciones. La separación de las diferentes funciones existentes en una red hace que el diseño de la red se vuelva modular y esto facilita la escalabilidad y el rendimiento. El modelo de diseño jerárquico típico se separa en tres capas:

- **Capa de acceso:** da servicio a los dispositivos finales. Puede incluirse cualquier dispositivo al que se conecte un PC, una impresora, un teléfono, etc. Por tanto, se pueden encontrar puntos de acceso, *switches* o *routers*. El propósito principal de la capa de acceso es aportar un medio de conexión de los dispositivos a la red y controlar qué dispositivos pueden comunicarse en la red.

- **Capa de distribución:** controla el flujo de tráfico de la red, separándolo, filtrándolo y priorizándolo para garantizar un servicio adecuado a cada subred. Se trata de *switches* fiables y redundantes para garantizar en la medida de lo posible que no se interrumpe el servicio.

- **Capa núcleo:** es la red *backbone* de alta velocidad de la red. A través del núcleo se interconectan los dispositivos de la capa de distribución. Debe ser altamente disponible y redundante, ya que, en caso de fallo, se verá afectada toda la red.

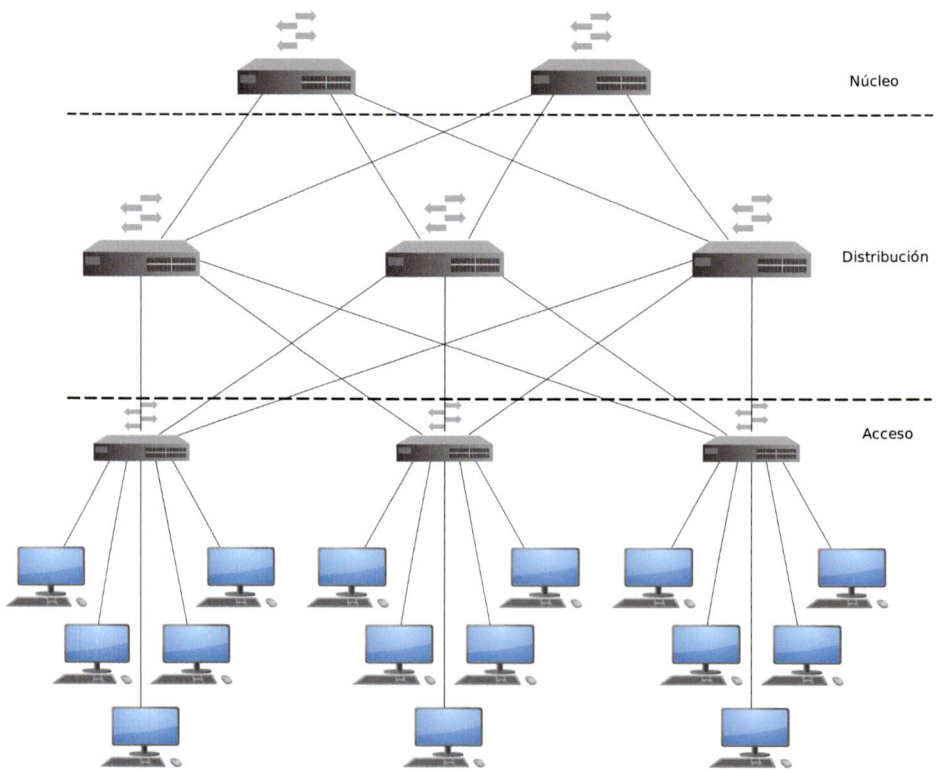

Figura 2.2. Diseño de red jerárquica.

Como se puede observar en la Figura 2.2, cada *switch* de la capa de acceso se conecta con todos los *switches* de la capa de distribución. Esto no significa que se envíen datos a todos los *switches* a la vez, sino que se trata de un diseño de alta disponibilidad para evitar que el fallo en uno de lo *switches* de distribución dé lugar a la caída completa de la red. Es decir, cada *switch* de la capa de acceso envía paquetes únicamente a uno de los *switches* de la capa de distribución, y, si este cae, el envío de datos se hace hacia otro que sí esté disponible.

Cuando la capa de distribución no tiene el suficiente ancho de banda, se pueden producir cuellos de botella.

2.1.2.2. DOMINIOS *BROADCAST* DEMASIADO GRANDES

No existe una regla general que determine si un dominio *broadcast* es demasiado grande. Un segmento con 2000 equipos puede ser adecuado si cuenta con poco tráfico de red. En cambio, uno con 100 equipos podría tener un bajo rendimiento si hay un tráfico de red excesivo para su capacidad. El rendimiento, además, se ve repercutido por los paquetes *broadcast*. Como regla general, en un contexto donde el tráfico se acerca al límite máximo, el número de paquetes *broadcast* no debería superar el 5 % del tráfico generado.

2.1.2.3. ERRORES EN LAS TRAMAS

Cuando una trama contiene errores en sus bits, el dispositivo receptor lo detecta mediante el FCS (*Frame Check Sequence*) y la trama es descartada. Los errores en las tramas se pueden deber a un cable mal construido, con una longitud excesiva o un exceso de ruido en su interior.

2.1.2.4. MALA CALIDAD DE LA SEÑAL

Las comunicaciones inalámbricas están expuestas a muchos factores que pueden deteriorar la calidad de la señal. Estos factores pueden ser:

- **Demasiada distancia al punto de acceso:** la señal inalámbrica tiende a atenuarse con la distancia. Los puntos de acceso tienen una cobertura limitada que depende de la tecnología usada, pero que suele abarcar varios cientos de metros como máximo.

- **Obstáculos físicos que absorben la señal:** los mapas de cobertura inalámbrica raramente son circulares. La razón es que los puntos de acceso se ubican en lugares donde hay obstáculos físicos que absorben parte de la energía de la señal. A veces, un punto distante puede tener mejor calidad de señal que otro más próximo debido a la arquitectura del edificio donde se ubica el punto de acceso.

- **Mala relación señal/ruido:** la relación entre la ganancia de la señal y el ruido se denomina SNR (*Signal Noise Ratio*). Suponiendo que la señal tiene una ganancia de -42 dB y el ruido de -90 dB, entonces el SNR se calcularía del siguiente modo:

SNR = -42 - (-90) dB = -42 + 90 = 48 dB

Cuanto mayor sea el valor de SNR, mejor es la señal. De modo empírico, podemos basarnos en la Tabla 2.1 para determinar si el valor SNR obtenido es bueno o malo:

Tabla 2.1. Relación entre el SNR de la señal y su calidad

Rango SNR	Calidad	Enlace	Velocidad
Mayor que 40 dB	Excelente	Permanente	Máxima
25 dB - 40 dB	Buena	Permanente	Alta
15 dB - 25 dB	Baja	Permanente	Alta con variaciones
10 dB - 15 dB	Muy baja	Intermitente	Baja
5 dB - 10 dB	Sin señal	Inexistente	Inexistente

2.1.2.5. VARIOS PUNTOS DE ACCESO INALÁMBRICOS PRÓXIMOS UTILIZAN EL MISMO CANAL

Cuando dos puntos inalámbricos cercanos emiten en canales solapados, se producen interferencias. Los grupos de canales que no se solapan entre sí en la banda de los 2,4 GHz son los siguientes:

- Canales 1, 6 y 11.

- Canales 2, 7.

- Canales 3, 8.

- Canales 4, 9.

- Canales 5, 1.

En la Figura 2.3 se puede apreciar la forma en que se solapan los canales entre sí.

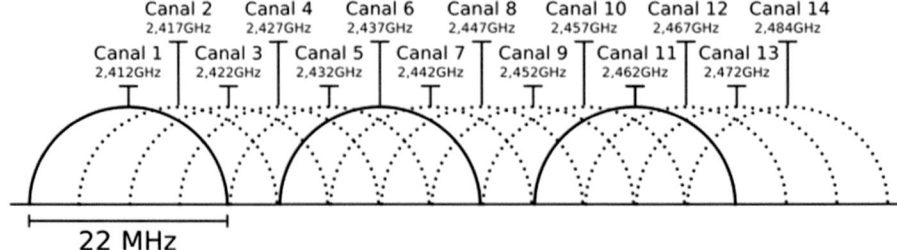

Figura 2.3. Canales en la banda de los 2,4 GHz.

2.1.2.6. CLAVE DE RED INCORRECTA

Una clave incorrecta impide la conexión con el punto de acceso a la red inalámbrica. En muchas ocasiones, el administrador examina todas las alternativas menos esta, la más fácil de corregir, dedicando mucho tiempo a buscar problemas donde no los hay.

2.1.2.7. HAY UN INTRUSO EN LA RED

Las intrusiones son muy habituales en las redes inalámbricas, ya que solo es necesario estar cerca del punto de acceso correspondiente. En las redes alámbricas también pueden darse, pero resulta más difícil, puesto que se requiere un acceso físico a un *switch* de la red. Cuando un usuario accede ilícitamente a una red inalámbrica, puede hacer un uso desmedido de los recursos, afectando al rendimiento general de la red.

2.1.2.8. SERVICIOS MAL CONFIGURADOS

En el mundo de los servicios mal configurados hay una amplia gama de opciones. Un ejemplo puede ser una gran red que utiliza NetBIOS para la resolución de nombres. NetBIOS abusa de los paquetes *broadcast*, y su uso intensivo puede degradar el rendimiento de la red.

2.1.2.9. MAC BLOQUEADA ADMINISTRATIVAMENTE

El filtrado de una dirección MAC es una estrategia de seguridad para impedir o permitir que un determinado *host* pueda acceder a la red. Se puede aplicar en diferentes dispositivos a nivel de enlace, como un *switch* o un punto de acceso. El filtrado MAC se puede realizar por listas blancas, que especifican los *hosts* que pueden acceder a la red, y por listas negras, que indican las direcciones físicas de los *hosts* bloqueados. Si una dirección está siendo filtrada, ya sea por bloqueo explícito o por omisión, el usuario no podrá acceder a la red. Esto puede ser especialmente desconcertante cuando un usuario trata de conectar a una red inalámbrica y no le es posible aunque utilice la clave correcta.

2.1.2.10. BUCLES EN LOS *SWITCHES*

Cuando varios *switches* se conectan en bucle cerrado, se puede producir una tormenta de paquetes *broadcast* que colapse la red. Una conexión en bucle se da cuando hay varias alternativas para llegar a un mismo destino. La conexión en bucle más simple se da cuando se conectan dos *switches* utilizando dos cables, aunque un bucle puede estar formado por cualquier número de *switches*.

Este problema se produce por la forma en que los *switches* aprenden direcciones MAC. Cuando un *switch* recibe una trama con direcciones MAC origen y destino desconocidas, hace lo siguiente:

1. Añade una nueva entrada en la tabla CAM, donde asocia la MAC de origen con el puerto por el que llega la trama.

2. Envía la trama por el resto de interfaces, para que acabe llegando a su destino. A este modo de enviar una trama se le llama envío por difusión.

Cuando se cierra un bucle, el paso 2 provoca que la trama termine llegando al *switch* inicial por otro puerto, y, al ocurrir esto, el *switch* anula la anotación hecha en el paso 1 y vuelve a enviar la trama por difusión. Como consecuencia, las mismas tramas son reenviadas una y otra vez en círculo, colapsando la red.

2.1.2.11. TORMENTAS *BROADCAST* O DE DIFUSIÓN

Una tormenta de difusión ocurre cuando se produce una inundación de tramas en la red degradando su rendimiento. Pueden producirse por causa de un bucle entre *switches*, por un exceso de tramas *broadcast* debido a algún protocolo, o bien por un ataque provocado. Por ejemplo, dos situaciones que pueden provocar una tormenta de difusión son las siguientes:

- Un alto número de ordenadores de la red arrancan simultáneamente, enviando solicitudes DHCP al mismo tiempo. Esto creará un gran flujo de tramas *broadcast* que pueden degradar el rendimiento de la red durante un cierto periodo de tiempo.

- Un único equipo actúa de forma anómala enviando continuamente paquetes *broadcast* a la red, consultando la dirección física del resto de *hosts* de la red.

- Un usuario ejecuta una aplicación maliciosa que envía un alto número de paquetes con campos de dirección MAC origen y destino aleatorios. Los *switches* enviarán dichos paquetes por difusión al no conocer la ubicación de las máquinas destino y tratarán de aprender las direcciones MAC origen saturando sus tablas CAM.

2.1.2.12. ATAQUES DE ENVENENAMIENTO ARP

En un ataque de envenenamiento ARP, un nodo de la red se anuncia mediante paquetes ARP no solicitados con la dirección IP de otro (la puerta de enlace, por ejemplo). De este modo, los nodos que han caído en el engaño envían las tramas hacia el nodo impostor, en lugar de hacia el nodo al que inicialmente iban dirigidas. Este ataque puede tener dos tipos de finalidades:

- **La denegación de servicio (DoS) del nodo engañado:** si el nodo atacante asocia la IP del nodo suplantado a una dirección física inexistente, entonces las tramas que el nodo engañado envía hacia el nodo suplantado no llegan nunca a su destino.

- **La captura del tráfico:** el nodo impostor actúa de intermediario entre el nodo engañado y el nodo suplantado, redirigiendo el tráfico de uno hacia otro, sin que ninguno perciba claramente lo que está pasando. Durante el proceso, el nodo atacante va registrando el tráfico que pasa a través de él.

En cualquiera de los casos, un ataque de envenenamiento ARP puede provocar un enlentecimiento de la red o incluso su caída.

2.1.2.13. TRAMAS LARGAS Y CORTAS

Las tramas Ethernet pueden llevar como máximo de 1500 *bytes* de datos. En una LAN, los paquetes IP viajan dentro de las tramas Ethernet, por lo que el tamaño máximo que puede tener un paquete IP es de 1500 *bytes*. Este valor es la MTU (*Maximum Transmission Unit*) del protocolo IP sobre Ethernet. Cuando un paquete IP sale de la LAN en dirección a otra red, puede atravesar redes con diferentes tecnologías de enlace, por lo que la MTU puede variar en cada red. Cuando un paquete IP debe viajar en tramas de menor tamaño a las tramas Ethernet, se produce la fragmentación del paquete en trozos más pequeños para adaptarse al tamaño de las tramas. La fragmentación siempre provoca una bajada del rendimiento por varias razones:

- **Aumento de los datos de control:** cada nuevo fragmento incluye una nueva cabecera, de forma que aumenta la proporción de información de control respecto a los datos.

- **Mayor carga del *host* destino:** el sistema destino debe reensamblar los fragmentos al recibirlos, lo que supone una mayor carga de trabajo.

Cuando la comunicación entre dos *hosts* requiere el paso por un enlace con una menor MTU a la inicial y el rendimiento se resiente, puede ser interesante el ajuste de la MTU.

NOTA: Esta situación es cada vez menos habitual, ya que la mayoría de paquetes pasan por tecnologías derivadas de *E*thernet.

2.2. Incidencias a nivel de red

En este apartado abordaremos los síntomas y las causas más comunes que derivan de un problema a nivel de red. En el Capítulo 5 se abordarán las técnicas y las herramientas más habituales para el análisis, detección y solución de este tipo de incidencias.

2.2.1. Síntomas a nivel de red que indican un problema

- **Caída de la red:** se dice que una red está caída cuando su rendimiento ha bajado hasta el punto de dejarla inoperante, afectando tanto a los usuarios como a los servicios de la red. Este tipo de incidencias son rápidamente detectadas y notificadas por los usuarios, y son críticas para la productividad de una organización.

- **Rendimiento no óptimo:** el tráfico de paquetes que circula por una red se puede clasificar atendiendo a criterios como la urgencia y la importancia. Cuando un cierto tráfico no está recibiendo el tratamiento adecuado en cuanto al tiempo que tarda en viajar desde el nodo origen hasta el nodo destino, aparecen problemas de optimización en la red. Este tipo de problema puede involucrar a un subconjunto de usuarios, aplicaciones, destinos o un tipo concreto de tráfico. Los problemas de optimización pueden llegar a ser difíciles de detectar, e incluso más difíciles de aislar y diagnosticar. Esto se debe a que la optimización de la red puede implicar diferentes niveles (según el modelo de referencia OSI), de forma que determinar que la solución está en ajustes a nivel de red puede llevar su tiempo. Los problemas de optimización de la red pueden no tener una solución inmediata y pueden implicar ajustes profundos de diseño y configuración de la red.

- **Uno o varios equipos de usuario no pueden acceder a la red:** los usuarios reportan incidencias de acceso a la red, normalmente por problemas de configuración.

- **Denegación de un servicio:** cuando un servicio concreto deja de ser accesible, se dice que hay una denegación del servicio. Esta denegación puede deberse a un problema o bien a un ataque intencionado.

2.2.2. Causas de los problemas a nivel de red

A continuación se enumeran las causas más comunes que provocan los síntomas especificados en el apartado 2.2.1.

2.2.2.1. CAMBIOS EN LA RED

Una red es un organismo cambiante. De hecho, cambios aparentemente pequeños pueden provocar efectos no previstos en otras áreas de la red. Los cambios a nivel de red más habituales son:

- **Cambios manuales en las rutas:** en ocasiones un administrador recurre a la creación o al borrado manual de rutas en un *router*. Esto no tiene por qué ser algo malo, pero a veces responde a una necesidad temporal que no se revierte con el tiempo.

- **Cambios dinámicos en las rutas:** los protocolos de enrutamiento[2] dinámico se adaptan al estado de la red, para crear las rutas más eficientes. En circunstancias determinadas, especialmente cuando el protocolo de enrutamiento dinámico no se usa correctamente, un cambio dinámico en las tablas de enrutamiento puede desembocar en otro problema.

2.2.2.2. PROBLEMAS DE CONECTIVIDAD DE LOS NIVELES INFERIORES

Un problema a nivel físico o de enlace puede producir problemas de conectividad a nivel red. Los problemas físicos más habituales son:

- **Problemas eléctricos:** cuando se produce un fallo eléctrico en un armario de comunicaciones, la electrónica de red que contiene deja de funcionar. Por ejemplo, si un *router* ha quedado fuera de servicio, el tráfico de la red quedará parcialmente afectado o incluso interrumpido.

- **Daños en el cableado:** cuando un cable se deteriora por alguna razón (se secciona, o bien queda aplastado por un objeto pesado, por ejemplo) el tráfico de red queda interrumpido.

- **Instalación chapucera:** a veces la instalación del cableado se hace de forma chapucera por diversas razones (falta de conocimientos, de pericia o de tiempo). Es fácil distinguir cuándo una instalación es de calidad, especialmente cuando el cableado está ordenado y recogido. Una mala instalación puede tener cables colgando, conectores mal crimpados, etc., que tienden a desprenderse ante cualquier tirón. Por ejemplo, una persona podría engancharse en un cable, tirar de él sin querer y desconectarlo.

- **Latiguillos cambiados de posición:** en ocasiones, un técnico (u otro usuario) mueve un latiguillo de un puerto a otro y después no lo vuelve a dejar en su posición original. Esto puede responder a pruebas que se están llevando a cabo, o a una acción no prevista. En cualquier caso, un simple latiguillo fuera de su sitio puede dejar fuera de servicio toda una red.

2.2.2.3. LOS SERVIDORES DNS ESTÁN FUERA DE SERVICIO

Los usuarios suelen confundir cuando la red está caída y cuando los servidores DNS están fuera de servicio. Esto se debe a que la mayoría de usuarios detecta el problema al intentar acceder a una página web sin éxito. La interpretación que hace inmediatamente

---

[2] Un protocolo de enrutamiento lleva a cabo intercambio de información entre los *routers* para permitirles determinar la mejor ruta hacia cada red. El criterio para elegir la mejor ruta depende del protocolo. Por ejemplo, el protocolo RIP considera la mejor ruta aquella que contiene el menor número de saltos hasta la red destino, mientras que el protocolo OSPF considera la mejor ruta aquella que incluye los enlaces con mayor ancho de banda.

es que la red está fuera de servicio. Sin embargo, la red funciona perfectamente si hablamos estrictamente del nivel 3 del modelo de referencia OSI. Lo que ocurre es que los nombres no son resueltos. En estos casos, sigue siendo posible utilizar muchos de los servicios de la red, si se conocen las direcciones IP de los servidores que los ejecutan.

2.2.2.4. LA CONFIGURACIÓN DEL SERVIDOR DHCP ES INCORRECTA

El administrador puede cometer errores de configuración del servicio DHCP en relación a diferentes parámetros. Los más habituales son:

- **Error en el rango de direcciones IP:** se ha indicado un rango de direcciones que no es coherente con la configuración del *router* que actúa como puerta de enlace. Una dirección IP incorrecta hace inviable la comunicación a nivel de red.

- **Ofrecimiento por error de direcciones IP reservadas:** el administrador ha incluido en el rango de direcciones asignadas direcciones IP que son utilizadas estáticamente por uno o más servidores. Esta circunstancia desemboca en direcciones IP duplicadas, lo que provoca inconsistencias en las tablas ARP, lo que puede impedir la comunicación entre dos *hosts.* Este punto se analiza más en detalle en la sección 2.2.2.8.

- **Error en la máscara de la red:** la máscara de red difiere de la máscara especificada en el *router* que actúa como puerta de enlace. La máscara de red determina el tamaño de la red y las direcciones IP que pertenecen a la red. Si la máscara es más pequeña que la definida en la interfaz de red de la puerta de enlace, ocurrirán dos cosas:

  — Parte de los *hosts* no pueden alcanzar la puerta de enlace y, por tanto, no pueden enviar ni recibir datos de otras redes.

  — La red queda dividida en dos o más partes, y los *hosts* que hay en cada una son incapaces de comunicarse con los *hosts* de las otras.

- **Error en la puerta de enlace:** la dirección IP de la puerta de enlace es errónea. Cuando esto ocurre, los *hosts* de la red no pueden enviar ni recibir datos de otras redes.

- **Error en la dirección de los servidores DNS:** la dirección de los servidores DNS primario y/o secundario son erróneos. Si la dirección de los servidores DNS es incorrecta, los *hosts* de la red no podrán resolver nombres. Las redes actuales dependen fuertemente de los servidores DNS para su normal funcionamiento.

2.2.2.5. HAY UN SERVIDOR DHCP FUERA DE CONTROL

Si un servidor DHCP activo se conecta a un punto de red o a un *switch* de la red, este empezará a conceder configuraciones de red conforme vaya recibiendo solicitudes. Por la forma en que el protocolo DHCP está diseñado, los clientes DHCP tomarán como válida la primera respuesta que les llegue. Así que en un momento la mitad de los clientes pueden estar recibiendo una configuración errónea y siendo incapaces de acceder a los recursos de la red o de salir a Internet. Este tipo de problema puede tener muchos tipos de orígenes:

- Un usuario ha conectado a la red un punto de acceso propio sin ser consciente de que tiene el servicio DHCP activado con una configuración diferente a la que tenía en su casa.

- Un usuario malintencionado está llevando a cabo un ataque de tipo DHCP *spoofing*.

- Un administrador ha utilizado una máquina para hacer pruebas donde ha instalado un servidor DHCP. Después ha arrancado dicha máquina conectada a la red habiendo olvidado desactivar el servicio DHCP.

2.2.2.6. UNA ESTACIÓN DE TRABAJO UTILIZA UNA CONFIGURACIÓN DE RED ESTÁTICA EN LUGAR DE DINÁMICA

En muchas ocasiones, un usuario configura manualmente los parámetros de red y después olvida que lo ha hecho. Cuando llega a un entorno con un servidor DHCP donde debe recibir una dirección IP dinámica, el *host* seguirá manteniendo la configuración estática, que puede ser incompatible con la red en la que se encuentra, impidiendo así al usuario acceder a la red.

2.2.2.7. HAY UN PROBLEMA CON EL ISP

En muchas ocasiones no hay acceso a Internet por un problema del ISP (*Internet Service Provider*). Los avisos de los usuarios indicarán simplemente que no pueden acceder a Internet, sin distinguir si el problema está relacionado con la LAN o con el ISP.

2.2.2.8. HAY UNA DIRECCIÓN IP DUPLICADA

Cuando una dirección IP asignada a un *host* de la red ya está siendo utilizada por otro, se produce un conflicto de IP. El problema de un conflicto de IP es que las tablas ARP de los *hosts* de la red solamente pueden contener una entrada para cada dirección IP.

Por ello, solamente uno de los equipos tendrá conectividad, que será el que primero se haya anunciado en la red. En el caso de los equipos con Windows instalado, el conflicto de IP puede desembocar en dos situaciones diferentes:

- La interfaz de red toma una dirección automática privada (APIPA[3]), perteneciente al rango de red 169.254.0.0/16.

- Se mostrará un mensaje indicando que existe un conflicto de IP. Dicho mensaje contiene un texto similar al siguiente: "Windows detectó un conflicto en la dirección IP".

Los conflictos de IP pueden deberse a una variedad de motivos:

- Dos *hosts* de la red son configurados manualmente con la misma dirección IP estática.

- Un *host* de la red recibe estáticamente una dirección IP dentro del rango DHCP de la red local, y esta misma IP es asignada dinámicamente a otro equipo por el servidor DHCP.

- Un mal funcionamiento del servidor DHCP.

- Un equipo entra en el modo de hibernación, y al ser reactivado la IP que utilizaba ha sido reasignada.

2.2.2.9. AGOTAMIENTO DEL RANGO DHCP

Cuando un servidor DHCP ha concedido todas las direcciones IP de su rango, los nuevos clientes DHCP que solicitan una nueva configuración de red no reciben respuesta del servidor. Dependiendo del sistema operativo, el comportamiento ante esta situación varía:

- Los equipos con Windows instalado adquieren una dirección APIPA.

- Los *hosts* con GNU/Linux no tomarán ninguna dirección IP. Por ello, los usuarios de estos *hosts* no podrán acceder a los servicios de la red ni acceder a Internet.

---

[3] APIPA (*Automatic Private Internet Protocol Addressing*) es un protocolo utilizado por Windows para asignar una dirección IP automáticamente a un equipo cuando este no puede obtener una dirección IP según lo indicado en la configuración del sistema. La asignación de una dirección APIPA indica que hay un problema en la red, que puede estar relacionado con la ausencia de un servidor DHCP, el agotamiento de direcciones del servidor DHCP o un conflicto de IP con otro *host* de la red.

2.2.2.10. LA CONFIGURACIÓN ESTÁTICA DE RED ES INCORRECTA

Si el administrador ha cometido un error en alguno de los parámetros de configuración de la red, el *host* tendrá conectividad parcial o nula. La configuración de red estática suele ser incorrecta en alguno de los siguientes parámetros:

- Dirección IP.

- Máscara de red.

- Dirección IP de la puerta de enlace.

- Dirección IP del servidor DNS primario o secundario.

2.2.2.11. CONEXIÓN AL SERVIDOR HTTP O *PROXY*

Una de las incidencias más habituales en una red es que el usuario no puede acceder a una cierta dirección web con el navegador. Dependiendo de la configuración de la red, el acceso al contenido web se hará directamente o bien a través de un servidor *proxy*[4]. Los fallos de conexión pueden deberse a una gran variedad de causas, aunque las más habituales son las siguientes:

- El servidor HTTP o *proxy* está caído.

- La configuración del *proxy* es incorrecta.

- La URL del recurso es incorrecta o no existe.

2.2.2.12. CONEXIÓN AL SERVIDOR DE CORREOS

Cuando se produce un problema de conexión con el servidor de correo electrónico, pueden darse situaciones como las siguientes:

- Un usuario no puede configurar una cuenta de correo en su cliente de correo electrónico.

- Un usuario reporta un problema relacionado con el envío o la recepción de correo o con ambos.

---

[4] Un servidor *proxy* es un intermediario en las peticiones de recursos en red. El servidor *proxy* realiza una petición al servidor destino en nombre del cliente que la realizó inicialmente. Después, una vez que ha recibido información, la reenvía al cliente y guarda una copia localmente para entregarla a otros clientes que pidan el mismo recurso. El uso de servidores *proxy* optimiza el rendimiento de la red.

Las causas de estos problemas pueden ser muy variadas. Sin embargo, las más habituales son:

- El servidor de correo está caído.

- Se está utilizando una configuración incorrecta en el cliente. Por ejemplo, el nombre del servidor SMTP o de la cuenta de correo no son correctos.

- Hay algún tipo de problema en el servidor.

2.2.2.13. CONEXIÓN AL SERVIDOR DE IMPRESIÓN

La configuración de una impresora en red se ha simplificado con el tiempo, de forma que los sistemas operativos actuales las detectan automáticamente. En ocasiones, un usuario puede reportar una incidencia similar a las siguientes:

- No se encuentra una impresora en red.

- Una impresora en red ha dejado de estar disponible.

- Una impresora en red no imprime los documentos enviados.

Las causas pueden ser muy variadas. Algunas de ellas son:

- El *host* no tiene conexión con el servidor de impresión.

- El servidor de impresión está caído.

- El servidor de impresión no está conectado a la impresora en red.

- La impresora en red tiene un problema, que puede ir desde problemas mecánicos, como un atasco de papel o falta de tinta, hasta problemas de *software*.

ACTIVIDADES

2.1. ¿Qué niveles del modelo OSI se ven afectados cuando se produce un problema a nivel de enlace?

2.2. Enumera los síntomas más habituales de que hay un problema a nivel de enlace.

2.3. ¿De qué modo puedes utilizar el comando *ping* para comprobar que un equipo no tiene conectividad?

2.4. Supón que haces *ping* a tu puerta de enlace y recibes respuesta para una parte de los paquetes enviados y para la otra parte no, ¿qué conclusión sacarías?

2.5. ¿Por qué los paquetes *broadcast* pueden suponer un problema de cara al rendimiento de la red?

2.6. ¿Qué razones puede haber para que haya un tráfico *broadcast* excesivo en la red?

2.7. ¿En qué consiste el diseño jerárquico de una red? ¿Qué ventajas reporta esta filosofía?

2.8. Imagina que un técnico explica a otro lo siguiente: "El dominio *broadcast* es demasiado grande". ¿A qué se refiere?

2.9. ¿Qué suele provocar errores en las tramas de enlace recibidos por un *host*?

2.10. En ocasiones la señal de una red inalámbrica es de mala calidad. ¿Qué factores pueden contribuir a ello?

2.11. ¿Qué es el SNR (*Signal Noise Ratio*)? Indica un valor aceptable para el SNR que no provoque corte en la conexión.

2.12. Imagina que los puntos de acceso AP1 y AP2 están muy próximos y emiten en el mismo canal. ¿Qué consecuencias puede tener para un usuario de la red inalámbrica que intenta usar uno de ellos?

2.13. Un punto de acceso próximo está usando el canal 1. ¿Qué canal utilizarías en un punto de acceso próximo para evitar problemas?

2.14. ¿Qué problema hay con que un intruso esté utilizando tu red inalámbrica desde el punto de vista del rendimiento?

2.15. ¿En qué consiste el filtrado por MAC? ¿Qué dos tipos de filtrado se pueden aplicar?

2.16. ¿Qué situación puede provocar un bucle entre *switches*? ¿Por qué se produce?

2.17. ¿Qué es una tormenta de difusión? ¿Qué puede provocarla?

2.18. ¿En qué consiste el envenenamiento ARP? ¿Qué finalidad puede tener un ataque de este tipo?

2.19. ¿Qué es la MTU? ¿De qué modo afecta al rendimiento de una red?

2.20. ¿Qué síntomas alertan de que hay un problema en la red?

2.21. ¿Qué es un protocolo de enrutamiento dinámico?

2.22. ¿Por qué una instalación del cableado de mala calidad puede provocar problemas a nivel de red?

2.23. ¿Por qué la mayoría de usuarios no distinguen entre una caída de la red y una caída de los servidores DNS?

2.24. ¿Qué consecuencias puede tener un servidor DHCP mal configurado? Pon varios ejemplos de configuraciones erróneas.

2.25. ¿Puede ser una configuración de red estática un problema? ¿Por qué?

2.26. En ocasiones en una red de área local hay direcciones IP duplicadas. ¿A qué se puede deber? ¿De qué modo se manifiesta una IP duplicada en un equipo Windows?

2.27. ¿Bajo qué circunstancias puede agotarse un rango DHCP? ¿De qué forma se manifiesta un agotamiento en los *hosts* de una red?

2.28. ¿Qué es un servidor *proxy*? ¿De qué modo puede afectar su caída?

2.29. ¿Qué indica que un servidor de correo está funcionando mal? ¿A qué se puede deber?

2.30. ¿Qué indica que un servidor de impresión no funciona correctamente? ¿A qué se puede deber?

3. Detección y diagnóstico de incidencias en redes de área local

Contenido

Introducción

Detectar y diagnosticar problemas hace referencia dos actividades diferentes, pero complementarias:

- **Detectar el problema:** implica que el administrador de la red es conocedor de que existe un problema en la red. La detección de un problema puede llegar de muchas maneras, pero siempre tendrá forma de síntoma. En el Capítulo 2 se citaron algunos síntomas de que hay un problema en la red:

  — En la sección 2.1.1 se enumeraron los principales síntomas de que hay un problema a nivel de enlace.

  — En la sección 2.2.1 se trataron los síntomas más comunes de que hay un problema a nivel de red.

- **Diagnosticar el problema:** emitir un diagnóstico implica definir la causa que está provocando los síntomas. Para poder realizar el diagnóstico, el administrador de la red debe conocer las causas que pueden estar provocando el problema. Cuanto mayor sea el número de causas que conoce que pueden producir un problema, mayores serán las posibilidades de que el diagnóstico sea correcto. En el Capítulo 2 se abordan algunas de las causas más comunes que pueden provocar los síntomas de un problema:

  — En la sección 2.1.2 se enumeraron las causas más habituales de síntomas de problemas a nivel de enlace.

  — En la sección 2.2.2 se abordaron las causas más comunes que provocan síntomas de problemas a nivel de red.

Tanto el síntoma como el diagnóstico forman parte del proceso de gestión de la incidencia. Cuando existe uno o varios síntomas de problemas en una red, el administrador no puede dejarse llevar por la improvisación. Debe contar con un proceso sistemático que le permita saber en cada momento cuál es el siguiente paso a llevar a cabo. Este proceso sistemático, llamado proceso de gestión de incidencias, consiste en un marco de trabajo que sigue el administrador de la red para ir de manera ordenada desde el síntoma del problema hasta su resolución, pasando por el diagnóstico de la causa que lo provoca. La sección 3.2 aborda dicho proceso.

Un proceso de gestión de incidencias especifica las diferentes actividades de análisis que se deben llevar a cabo y el flujo entre ellas. La mayoría de estas actividades requieren el uso de las herramientas adecuadas, del mismo modo que un mecánico debe usar una grúa para elevar el motor de un coche o una llave inglesa para desatornillar una tuerca. En la sección 1.1 ya se trataron las herramientas más importantes de verificación y prueba que poseen los sistemas operativos. En la sección 3.1 se abordan las principales herramientas disponibles para el diagnóstico de las causas de un problema en dispositivos de comunicaciones como son los *switches* y los *routers*. En el Capítulo 4 se tratarán herramientas para la comprobación del cableado de una red. Por último, en el Capítulo 5 estudiarán diferentes herramientas para diagnosticar las incidencias a nivel de enlace y de red enumeradas en el Capítulo 2.

3.1. Herramientas de diagnóstico de dispositivos de comunicaciones en redes locales

El diagnóstico de un problema, es decir, la definición de la causa que lo provoca, implica el uso de herramientas para reunir indicios de lo que está pasando en la red, y así poder llegar a una conclusión correcta. El abanico de herramientas disponibles es muy amplio, y va aumentando con el tiempo. En las siguientes secciones se exponen las categorías de herramientas más importantes utilizadas para el diagnóstico de problemas.

3.1.1. Sistemas de monitorización

Los sistemas de monitorización de la red (*Network Management System* o NMS) permiten analizar en tiempo real lo que está ocurriendo en la red. Los NMS incluyen monitorización a nivel de dispositivo, configuración y gestión de fallos. A través de estos sistemas el administrador puede detectar que un parámetro de un dispositivo de la red está fuera de los niveles normales de funcionamiento sin tener que estar físicamente delante de él. Suelen ofrecer una representación gráfica de los parámetros monitorizados, permitiendo al administrador revisar su estado rápidamente. Los NMS suelen contar con las siguientes características:

- **Representación gráfica:** los NMS muestran dinámicamente gráficas que representan el valor de los parámetros comprobados.

- **Informes SLA:** acuerdo de nivel de servicio, SLA o *Service License Agreement*, es un acuerdo escrito entre un cliente y un proveedor fijando los términos de calidad del servicio. Para un administrador de redes, el SLA puede indicar entre otras cosas qué tareas son de su responsabilidad, el tiempo de respuesta a una incidencia, los horarios de atención y las vías de comunicación. Un NMS permite comprobar si se está cumpliendo el SLA ante las diferentes incidencias.

- **Autodescubrimiento de la red:** permiten identificar de manera automática los dispositivos presentes en la red y crear diagramas topológicos.

- **Agentes:** los agentes se ejecutan en los sistemas monitorizados y recaban información interna que envían al NMS.

- **Ejecución de *scripts*:** la ejecución de *scripts* en los sistemas monitorizados permiten realizar tareas complejas, ya sean comprobaciones o tareas de configuración, instalación, etcétera.

- **Sistema de alertas:** la representación gráfica es una herramienta poderosa, pero el administrador no siempre puede estar frente al panel de control. Los NMS pueden enviar notificaciones por correo electrónico u otras vías alertando de un problema.

- **Programación de tareas:** los NMS pueden ser programados para que ejecuten tareas programadas de diversa consideración.

- **Soporte de SNMP:** SNMP (*Simple Network Management Protocol*) es un protocolo de preguntas y respuestas que permite monitorizar distintos tipos de dispositivos de una red, como *switches, routers,* servidores, impresoras, etc. Los NMS permiten utilizar este protocolo para realizar comprobaciones concretas sobre el estado de un dispositivo.

- **Registro de eventos:** los dispositivos de una red guardan un registro de los eventos que se producen internamente. En principio estos registros son locales, pero un NMS se puede configurar para almacenarlos en una base de datos central.

- **Estadísticas:** las estadísticas permiten hacer un análisis a largo plazo de la red. La mayoría de parámetros medibles en un NMS ofrecen una perspectiva estadística y no solo dinámica.

A continuación se muestran algunos aspectos típicos susceptibles de ser controlados mediante un NMS:

- **Estado físico de un dispositivo:** la comprobación "el dispositivo está encendido" es simple pero aporta información valiosa a nivel físico.

- **Parámetros de funcionamiento:** hay ciertas condiciones que siempre deben darse en un cierto dispositivo. Por ejemplo, las siguientes comprobaciones pueden ser útiles:

  — **Configuración de red:** los dispositivos más importantes de una red suelen tener una configuración de red predefinida.

— **Uso de los recursos:** el nivel de carga de trabajo del dispositivo, el espacio usado en disco o la cantidad de memoria RAM utilizada en los dispositivos de la red son adecuados. Los NMS permiten especificar diferentes umbrales de funcionamiento esperado.

— **Otros parámetros de funcionamiento interno:** dependiendo del dispositivo, las condiciones internas que se deben cumplir pueden ser muy diferentes. Por ejemplo, en muchos dispositivos es necesario que un cierto proceso esté en ejecución o que se ejecute periódicamente.

- **Niveles de tráfico en diferentes partes de la red:** un tráfico excesivo puede ser indicativo de que hay un problema en la red. Los NMS pueden mostrar el tráfico en los dispositivos de la red de forma dinámica y además pueden generar notificaciones cuando se supera un cierto umbral.

- **Estado de las comunicaciones:** muchos dispositivos requieren una comunicación permanente con otros. Mediante un NMS se puede comprobar que dos dispositivos mantienen de forma permanente una cierta conexión entre sí.

- **Estado de un servicio:** en una red se ejecuta una gran variedad de servicios. Desde bases de datos hasta aplicaciones web. Mediante un NMS se puede comprobar que la respuesta de un cierto servicio es la esperada. Por ejemplo, podría comprobarse que cierta consulta a una base de datos devuelve el resultado esperado o que se puede abrir una conexión con un cierto servidor de correo.

Algunos ejemplos de NMS son SolarWinds, Pandora FMS, Zabbix o Nagios.

3.1.2. Sistemas de seguimiento de incidencias

Los sistemas de seguimiento de incidencias proporcionan al usuario una plataforma donde solicitar la resolución de un problema. Existen dos conceptos propios de este tipo de sistemas:

- **Técnico *helpdesk*:** un técnico *helpdesk* desempeña su trabajo en el servicio de soporte, atiende directamente las consultas de usuarios con algún problema técnico y proporciona una solución. Cuando se dan consultas de complejidad superior a su nivel de competencia, las deriva a personal más cualificado. Un técnico *helpdesk* está de cara al público, por lo que debe tener un mínimo de habilidades sociales. Además, resuelve incidencias de un nivel básico, por lo que debe también tener conocimientos técnicos.

- **Ticket**: un *ticket* es un registro con las acciones llevadas a cabo por el servicio técnico para resolver un problema reportado. El *ticket* facilita el seguimiento de una incidencia por parte del usuario y del servicio de soporte.

El proceso que sigue un sistema de seguimiento de incidencias típico es el siguiente:

1. Cuando el usuario tiene un problema, tiene tres opciones:

   a. Consultar una lista FAQ (ver sección 3.1.3).

   b. Consultar la base de conocimiento (ver sección 3.1.3).

   c. Solicitar ayuda del servicio de soporte.

2. Cuando se solicita ayuda del servicio de soporte, se crea un nuevo *ticket* para poder llevar a cabo un seguimiento de la incidencia. En una primera fase, el técnico *helpdesk* intenta resolver el problema.

   a. Si resuelve el problema, marca el *ticket* como resuelto y el usuario es notificado. Si el usuario manifiesta que el problema ya está resuelto, el *ticket* es marcado como cerrado.

   b. En caso contrario, el técnico *helpdesk* asigna el *ticket* a un técnico más cualificado.

3. Cuando un técnico cualificado recibe una notificación de asignación de un *ticket*, trabaja en el problema hasta resolverlo (ver sección 3.2) y marca el *ticket* como resuelto y el usuario recibe una notificación. Si el usuario confirma que el problema ha sido resuelto, el técnico *helpdesk* marca el *ticket* como cerrado.

En los servicios de soporte es importante el cumplimento del SLA para garantizar la satisfacción del usuario. El usuario está satisfecho cuando la calidad del servicio se ajusta a lo descrito en el SLA. Es preferible un SLA donde los tiempos de respuesta son mayores pero se cumplen, a un SLA con tiempos de respuesta muy bajos que no se cumplen.

En la Figura 3.1 se puede ver un diagrama de flujo con el proceso seguido en un sistema de seguimiento de incidencias basado en *tickets*.

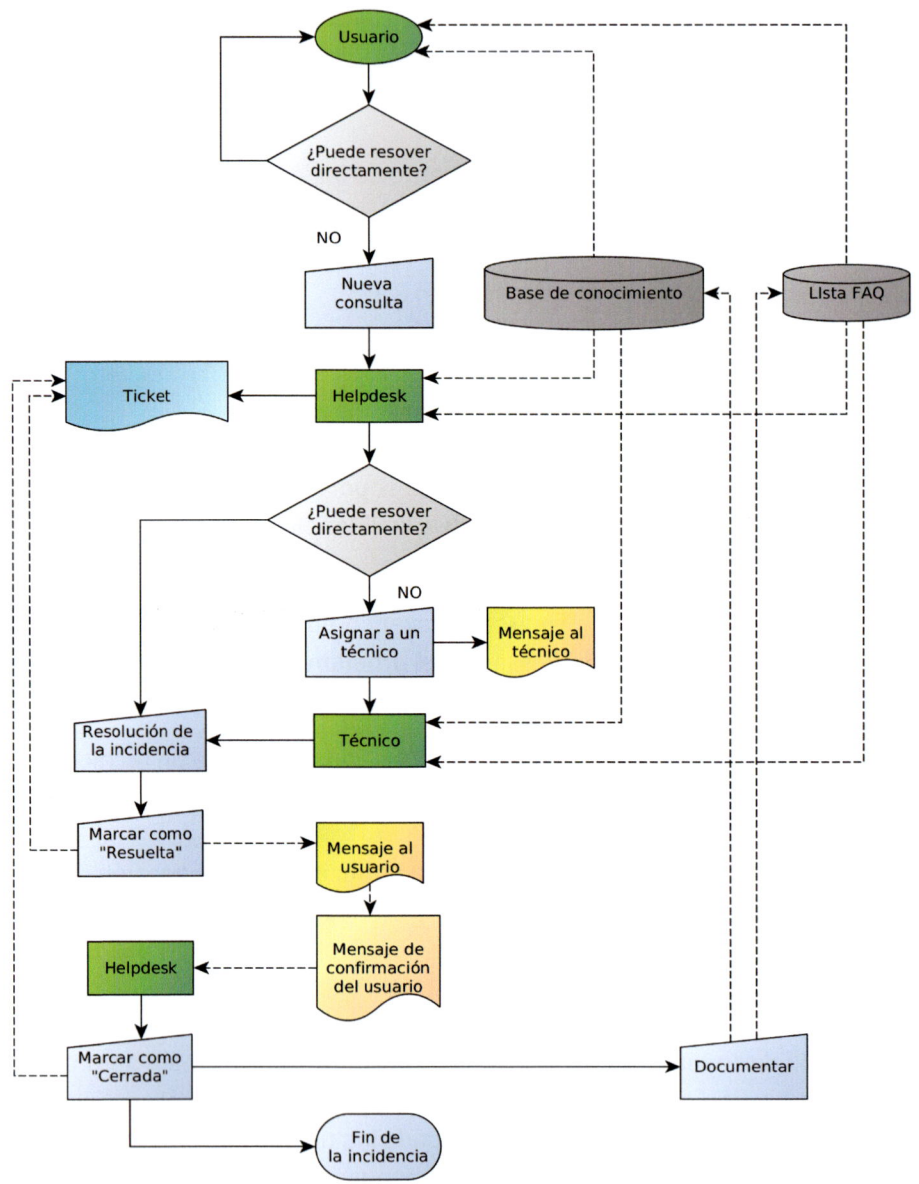

Figura 3.1. Proceso seguido en un sistema de gestión de incidencias típico basado en *tickets*.

En el mercado existen multitud de herramientas destinadas a gestionar el seguimiento de incidencias. Tres ejemplos son Jira, Zendesk y osTicket.

3.1.3. Bases de conocimiento y listas FAQ

Las bases de conocimiento (*knowledge base*) y las listas FAQ suponen una fuente de información *online* muy valiosa para los administradores, así como para los usuarios.

En la Figura 3.1 se puede apreciar cómo el usuario, el técnico *helpdesk* y el técnico (administrador) obtienen información de estas fuentes documentales.

Una base de conocimiento contiene información sobre resolución de problemas, detalles de funcionamiento de la organización, descripción de servicios y cualquier otra información de interés. Se puede orientar a públicos diferentes. Por ejemplo, una base de conocimiento puede estar orientada exclusivamente a los administradores de la red, mientras que otra puede estar orientada a los usuarios y los administradores. Para que una base de conocimientos sea útil, debe cumplir ciertas características:

- **Hay un responsable:** controla que los artículos se van creando en tiempo y forma. Cuando hay mucha información que mostrar, puede priorizar y organizar las publicaciones.

- **Existe un procedimiento para crear nuevos artículos:** los técnicos de una organización trabajan con los usuarios para resolver sus problemas. La identificación de un problema como artículo de interés para la base de conocimiento debe ser parte obligatoria del servicio de soporte. Por ejemplo, muchos sistemas de gestión de incidencias incluyen una casilla para marcar un *ticket* como de interés para la base de conocimiento. Al incluir un nuevo artículo, se debe comprobar si existe ya un artículo similar para evitar contenidos duplicados, o bien actualizar el que ya existe.

- **Los artículos son escritos por personas designadas:** con todo lo que tiene que hacer el administrador de una red, no escribirá un artículo en la base de conocimientos salvo que le sea expresamente encomendado. Las personas que escriben los artículos pueden ser escritores técnicos dedicados, expertos en la materia (SME o *Subject Matter Expert*), o bien los mismos técnicos que resuelven los problemas.

- **Hay estándares de calidad definidos para los artículos:** los artículos deben ser claros, concisos, consistentes y fáciles de encontrar. Algunas buenas prácticas para conseguirlo son:

  — **Contar con una plantilla o formato para los artículos:** el formato debe ser uniforme para todos los artículos. La información que debe incluir un artículo es:

    ✓ Descripción del problema.

    ✓ Contexto.

    ✓ Resolución.

    ✓ Causa.

  — **Un artículo aborda una única cuestión:** los artículos deben evitar incluir información no relevante o incluir más de un asunto.

— **Artículos cortos y comprensibles:** los artículos deben facilitar la consulta rápida. Demasiada información puede saturar al lector, teniendo en cuenta que la consulta probablemente se produce en medio de una incidencia.

— **Títulos claros que describen claramente el problema:** los usuarios buscan artículos según sus títulos. Por ello, los títulos deben describir una acción o un problema concreto. Por ejemplo:

  ✓ "Recuperar la contraseña de un *router* Cisco 2900 Series".

  ✓ "Recepción de muchos mensajes *Delivery Status Notification (Failure)*".

— **Definir los términos técnicos:** los términos técnicos deben ser aclarados atendiendo al nivel de conocimientos de los usuarios. Un glosario externo o bien enlaces a otros artículos son algunas soluciones para mantener los artículos suficiente concisos.

— **Etiquetas y otras facilidades de búsqueda:** para facilitar la búsqueda de artículos, estos se pueden acompañar de etiquetas o frases de búsqueda clave. Muchos sistemas de documentación incorporan estas características.

— **Enlazar con otros artículos relacionados:** un mismo problema puede estar relacionado con diferentes causas y soluciones. Para facilitar la resolución, los artículos que atienden al mismo problema deben mostrar enlaces a otros artículos similares.

— **Revisiones técnicas:** si los usuarios de la base de conocimientos detectan errores o inconsistencias continuamente, dejarán de usarla. Por ello, los artículos deben ser revisados antes de ser publicados. La revisión puede hacerse por varias personas con objeto de garantizar la calidad del contenido a diferentes niveles:

  ✓ Un experto en la materia puede garantizar que el contenido es correcto.

  ✓ Un usuario con un perfil similar al que se destina el artículo puede garantizar que es comprensible.

Las listas FAQ (*Frequently Asked Questions*) son listas de preguntas frecuentes. Se trata de cuestiones o problemas muy habituales, y son una primera parada para la resolución de un problema. Algunas buenas prácticas para una lista FAQ son:

• **Listas cortas y acotadas:** una misma organización puede tener más de una lista FAQ. Cada lista debe estar relacionada con un tema en concreto que no tenga más de quince entradas.

• **Facilidades de búsqueda:** existen diferentes estrategias para encontrar el artículo de interés en la lista FAQ: campos de búsqueda, menús de listas FAQ, descripción aclaratoria del contenido de cada lista, etc. Ayudar al usuario a encontrar una respuesta ahorra tiempo al servicio de soporte.

- **Diseño sencillo de los artículos:** los artículos de la lista FAQ están orientados a un usuario que probablemente está empezando o tiene poca experiencia. Por ello, no deben estar cargados de información. Su diseño debe contener al menos los siguientes puntos:

  — **Pregunta:** es la pregunta enfocada desde el punto de vista del usuario. Por ejemplo: "¿Cómo puedo averiguar qué servidor DNS estoy utilizando?".

  — **Respuesta:** contiene una respuesta no demasiado larga, con un nivel técnico adecuado al usuario y que da una solución rápida a la pregunta.

  — **Resumen:** es una referencia rápida al contenido del artículo. Muchos usuarios no necesitan leer la respuesta entera para entenderla y les bastará con un pequeño resumen.

- **Artículos al día:** las listas FAQ deben resolver la mayor parte de los problemas, ya que en su mayoría serán los más frecuentes. Por ello, los artículos deben estar actualizados para evitar que los usuarios terminen notificando una incidencia por un tema trivial.

- **Cuestiones organizativas:** al igual que ocurre con los artículos de la base de conocimiento, el mantenimiento de las listas FAQ requiere cierta organización:

  — **Encargado de las listas FAQ:** debe haber alguien encargado de comprobar que las listas FAQ están bien organizadas y el contenido de los artículos está actualizado, o nadie lo hará.

  — **Designación para la escritura de artículos:** el encargado de la lista debe designar al personal encargado de escribir un nuevo artículo.

  — **Revisiones:** los artículos deben ser revisados antes de ser publicados.

3.1.4. Documentación y herramientas para su gestión

La documentación sobre la red es importante para la gestión de una incidencia, porque los administradores no pueden retener en su memoria todos los detalles de la red. Algunos elementos que se pueden incluir en la documentación de la red son los siguientes:

- **Cuentas de usuario:** nombres de usuario, contraseñas, fechas de creación, revocaciones, entre otras.

- **Inventarios:** incluyen información sobre los dispositivos de la red, *hardware* que contiene, *software* que ejecutan y servicios que proporcionan.

- **Sistemas operativos y configuración:** versiones de los sistemas operativos utilizados y configuración locales como sistemas de archivos, configuraciones de disco (como RAID o LVM), etcétera.

- **Descripciones de la red:** diagramas físicos, lógicos y otros tipos de diagramas que permitan comprender de manera rápida los diferentes aspectos de la red.

- **Configuraciones de red y gestión de cambios:** documentación sobre la configuración de los dispositivos de la red y mantenimiento de los cambios llevados a cabo.

- **Registro de eventos:** almacenamiento centralizado de los eventos generados por los dispositivos de la red.

- **Políticas de seguridad:** medidas de seguridad activa y pasiva, planes de contingencia, política de copias de seguridad, entre otras.

Existen muchas herramientas en el mercado que pueden ayudar en la creación de documentación útil:

- **Herramientas para crear diagramas manualmente:** los diagramas de topología física, lógica y otros tipos de diagramas permiten comprender de manera rápida diferentes aspectos sobre la red. Programas como Microsoft Visio, Cisco Packet Tracer, DIA o y ED Graph Editor incluyen múltiples tipos de elementos gráficos y tipos de diagrama.

- **Herramientas para generar documentación automáticamente:** hay *software* que puede generar documentación automáticamente sin la intervención del administrador:

  — **Herramientas de autodescubrimiento:** la mayoría de NMS, como Nagios, Open-NMS o Zabbix, incluye herramientas para el autodescubrimiento de la red, para encontrar *hosts,* servicios activos, dispositivos de comunicaciones, etcétera.

  — **Herramientas de Inventario:** existen aplicaciones, como OCS Inventory u Open-AudIT que permiten hacer un inventario automático de los *hosts* de la red, recabando todo tipo de detalles, como tipo de *hardware*, versión de sistema operativo, configuración y programas instalados, y enviando dichos detalles a una base de datos centralizada.

  — **Herramientas NCCM (Network Configuration and Change Management):** aplicaciones que permiten conocer la configuración de los dispositivos de la red y detectar, y automatizar cambios. Ejemplos de ello son RANCID, TripWire y SolarWinds.

— **Servidores de registros de eventos:** un servidor Syslog[5] almacena información sobre los eventos que se producen en los dispositivos de la red. La mayoría de NMS incluyen servidores Syslog.

— **Históricos de la red:** documentación sobre diferentes aspectos del funcionamiento de la red a lo largo del tiempo. Los NMS permiten almacenar esta información en bases de datos para ser consultada posteriormente. De esta forma es posible comprobar, por ejemplo, si hubo un pico de tráfico en un momento dado o cuándo dejó un servicio de funcionar.

3.1.5. Analizadores de protocolos

Los analizadores de protocolos registran las tramas que llegan a una interfaz de red. Además, puede acceder a los diferentes niveles de protocolo y examinar su contenido. En la Figura 3.2 se puede observar una imagen del programa Wireshark, comúnmente usado para el análisis del tráfico de la red.

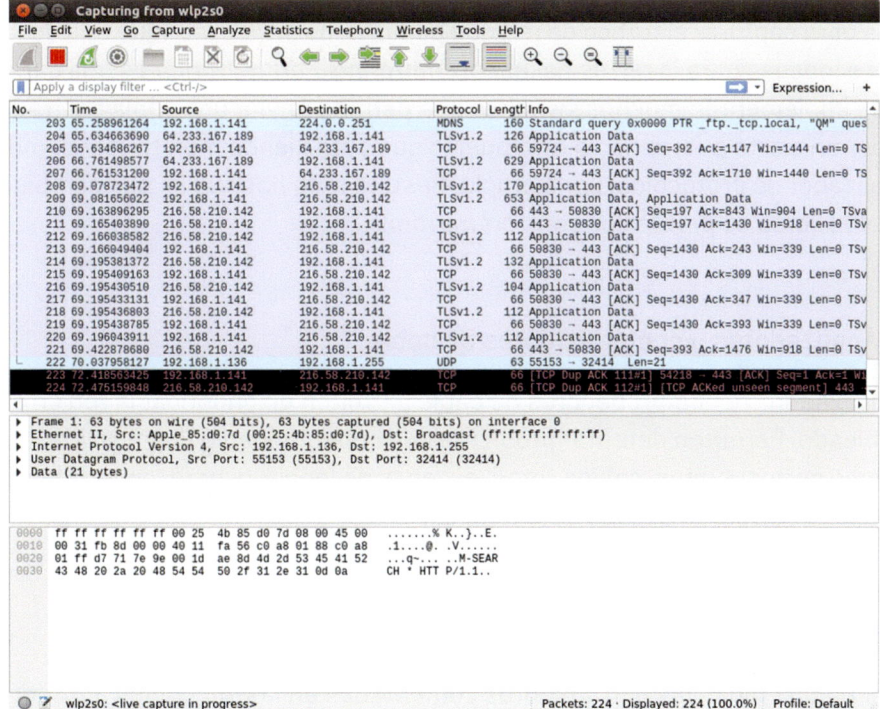

Figura 3.2. Captura de tráfico de red mediante el analizador de protocolos Wireshark.

---

5   Syslog es un estándar para el envío de mensajes sobre eventos producidos en un dispositivo conectado en red. Proviene del mundo GNU/Linux, aunque está presente en prácticamente cualquier sistema operativo, ya sea de forma nativa o implementado por herramientas de terceros.

Los analizadores de protocolos permiten establecer criterios de búsqueda para poder centrarse en un aspecto concreto del tráfico. Por ejemplo, podemos querer comprobar quién está enviando paquetes de red al servidor X o ver qué paquetes ARP circulan por la red. Además de capturar paquetes y establecer criterios de búsqueda, los analizadores de protocolos permiten obtener estadísticas a partir del tráfico capturado, lo que puede ser muy útil para encontrar comportamientos inusuales en la red, como por ejemplo, una dirección IP desconocida que aparece continuamente en los paquetes o un porcentaje de uso desmesurado por parte de un cierto *host*.

3.1.6. *Port mirroring*

En una LAN actual, el uso de *switches* se ha impuesto sobre el uso de *hubs*. Esto tiene muchas ventajas en cuanto a la eficiencia de la red, ya que el *switch* realiza el envío selectivo de cada trama por el puerto más adecuado hacia su destino. Sin embargo, si un administrador se conecta a un *switch*, únicamente recibirá el tráfico destinado directamente a él, el tráfico *broadcast*, y el tráfico enviado por difusión por el *switch* cuando aún no ha aprendido la ubicación de un cierto *host*. Existen diferentes alternativas para capturar el tráfico de red que pasa por un *switch*, aunque una de las más limpias e inocuas para la red es hacer *port mirroring*. *Port mirroring* es una característica que implementan muchos *switches* que permite enviar una copia del tráfico que pasa por un cierto puerto hacia otro puerto que está siendo monitorizado, mediante un analizador de protocolos, por ejemplo. Resulta muy habitual el uso combinado de los analizadores de protocolos con *port mirroring*.

3.1.7. Analizadores y comprobadores de cable

Los analizadores y comprobadores de cable permiten diagnosticar la red en el plano del cableado. Permiten detectar problemas de conectividad y diagnosticar sus causas, como cortocircuitos, cables rotos, excesos de longitud, pares invertidos, etc. En el Capítulo 4 se aborda a fondo este tema.

3.1.8. Comandos de red

A pesar de que todas las herramientas comentadas en las secciones anteriores son de gran utilidad, un administrador de red siempre termina recurriendo a la ejecución de comandos en una consola en un momento u otro. Existen muchos comandos diferentes, y probablemente es imposible conocerlos todos. Sin embargo, existe un pequeño número de ellos que son de gran utilidad para el administrador. Entre otras cosas, tienen de bueno que están presentes en cualquier sistema operativo (con pequeñas variaciones en su forma de uso). Algunos de estos comandos son:

- **ping**: permite enviar paquetes ICMP hacia un *host* y recoger la respuesta para comprobar que está conectado a la red. Permite comprobar múltiples cuestiones de la red, como velocidad, pérdida de paquetes, fragmentación, etcétera.

- **telnet**: es un protocolo para emular una terminal remota y se puede usar para conectarse remotamente a un dispositivo y para más cosas, como la comprobación de servicios.

- **traceroute**: se utiliza para comprobar el trayecto que siguen los paquetes a través de varias redes hasta llegar a su destino. De este modo, se puede comprobar si los paquetes viajan por donde deben o no.

- **arp**: se utiliza para interactuar con la tabla ARP, para obtener sus entradas y para modificarla.

- **netstat**: permite comprobar qué conexiones TCP permanecen abiertas en un dispositivo, y contra qué servidor o cliente. Además, permite consultar otra información, como estadísticas sobre el tráfico, errores, procesos que intervienen en las conexiones, etcétera.

- **nslookup y dig**: estos comandos permiten dialogar con un servidor DNS para comprobar cuestiones sobre la resolución de nombres.

- **route**: a través de este comando, se puede consultar la tabla de rutas y manipularla.

Todos estos comandos, y otros más, han sido examinados en el Capítulo 1.

3.2. Procesos de gestión de incidencias en redes locales

El proceso de gestión de incidencias en redes locales se compone de cinco actividades principales:

- Recabar síntomas.

- Aislar el problema.

- Implementar acciones correctivas.

- Deshacer las acciones correctivas y restaurar el estado anterior de la red.

- Documentar.

Las siguientes secciones abordan cada una de estas actividades en detalle, así como la relación entre ellas.

3.2.1. Flujo de actividades

El flujo de actividades en el proceso de gestión de incidencias se muestra en la Figura 3.3.

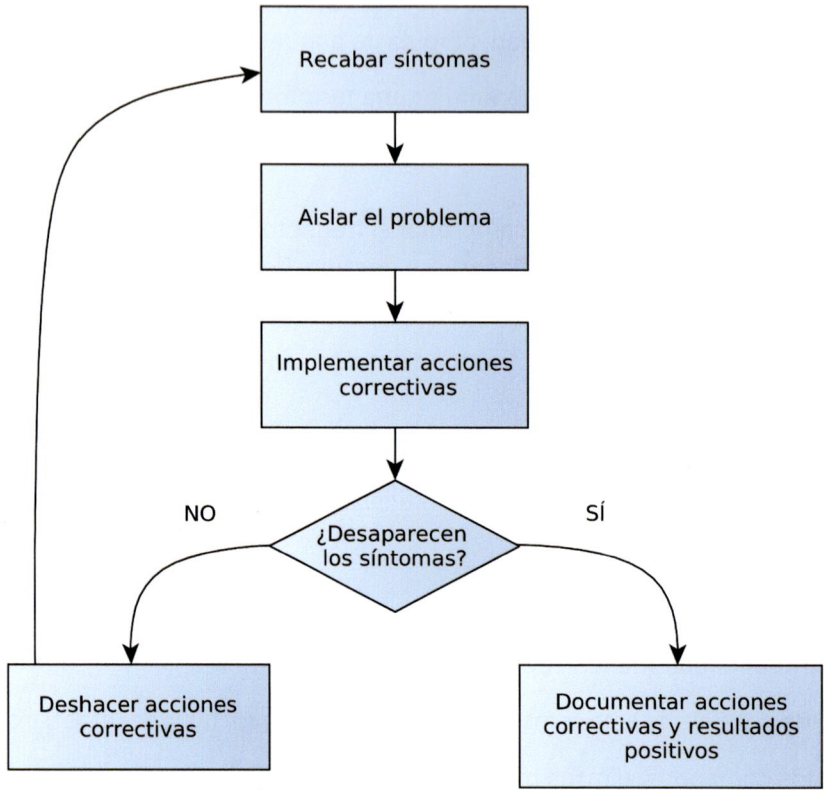

Figura 3.3. Flujo de actividades en el proceso de gestión de incidencias.

Las actividades descritas en la Figura 3.3 se detallan en las siguientes secciones.

3.2.2. Recabar los síntomas

Los síntomas del problema se pueden presentar de muchas formas diferentes, como protestas de los usuarios, un funcionamiento de la red por debajo de las expectativas, notificaciones o alertas en las consolas de administración, etc. En esta fase el administrador debe investigar y documentar el problema, y tratar de localizar el problema en el menor rango de posibilidades posible. Por ejemplo, un problema puede darse en un dispositivo final, un grupo de ellos o en toda la subred.

El recabado de síntomas incluye cinco pasos:

- **Definir el problema:** en primer lugar, el administrador debe entender el problema al que se enfrenta. Para ello, cuenta con el *ticket* inicial de la incidencia.

Además, puede consultar a los usuarios afectados y realizar comprobaciones en los sistemas implicados. Las consultas a los usuarios deben estar bien enfocadas, ya que estos suelen proporcionar una información vaga sobre el problema. Las preguntas que se realicen a los usuarios deben tener las siguientes características:

— Deben aclarar qué funciona y qué no.

— Utilizan un lenguaje técnico al alcance del usuario.

— Determinan cuándo se dio el problema por primera vez.

— Desvelan otros síntomas inusuales relacionados con el problema.

— Invitan al usuario a reproducir el problema en vivo.

— Recrean la secuencia de eventos antes, durante y después de darse por primera vez los síntomas.

- **Determinar la responsabilidad:** si el problema afecta a una red externa, como el ISP, por ejemplo, el administrador debe ponerse en contacto con el servicio de soporte y notificar la incidencia. En caso contrario, puede seguir con los pasos siguientes.

- **Contextualizar el problema:** las redes bien diseñadas se dividen en capas, tal y como se especificó en la sección 2.1.2.1. Antes de seguir, se debe determinar si el problema está ubicado en la capa de acceso, de distribución o núcleo. Una vez que la capa ha sido identificada, se debe seguir con el análisis de los síntomas, que junto al conocimiento de la topología debe señalar uno o más elementos implicados.

- **Recabar síntomas de los elementos implicados:** basándose en un procedimiento sistemático de arriba hacia abajo (*Top-Down*), o bien de abajo hacia arriba (*Bottom-Up*), se deben seguir obteniendo síntomas de los elementos señalados.

- **Documentar los síntomas:** todos los síntomas deben ser documentados para su posterior consulta. En algunas ocasiones, el problema puede ser resuelto directamente a partir de la documentación. Cuando esto no es posible, se debe continuar con el proceso de aislamiento del problema.

3.2.3. Aislar el problema

Una vez que el problema ha sido localizado, su aislamiento consiste en la eliminación de posibles causas del mismo. Para esto, el administrador debe tener conocimientos sobre las causas que pueden estar provocando el problema. Una vez que se han establecido las posibles causas, se van comprobando y descartando una a una. La organización en niveles de la pila de protocolos permite al administrador secuenciar de manera lógica las diferentes pruebas realizadas. También puede recogerse información adicional, describiendo más síntomas que caractericen el problema. Al finalizar esta fase, el administrador de la red debe haber seleccionado una causa como la más probable.

3.2.4. Implementar acciones correctivas

Una vez que la causa del problema ha sido aislada, el administrador establece las acciones que se deben aplicar para resolverlo, realizando pruebas y creando documentación que establezca el procedimiento. Las cuestiones que se deben tener en cuenta al llevar a cabo las acciones correctivas son las siguientes:

- **Momento ideal para la implementación:** se debe determinar si la solución se puede implementar inmediatamente o si debe posponerse debido al impacto que tendrá sobre la red. Para tomar esta decisión, se debe ponderar la severidad del problema respecto al impacto de las acciones correctivas. Es habitual que un administrador realice tareas correctivas fuera del horario laboral de los usuarios para facilitar su trabajo con normalidad.

- **Reversibilidad de las acciones correctivas:** existe la posibilidad de que las acciones correctivas no surtan efecto. En tal caso, deben ser reversibles. Esto es algo que se debe tener en mente al diseñar las acciones, de forma que, si inicialmente no son reversibles, el administrador deberá proporcionar las medidas para que sí lo sean.

3.2.5. Comprobar el efecto de las tareas correctivas

La aplicación de las tareas correctivas puede tener dos desenlaces:

A. **Los síntomas han desaparecido:** si el problema queda resuelto (lo cual se verifica mediante la desaparición de los síntomas), la solución elegida debe ser documentada.

B. **Los síntomas se mantienen, o bien aparecen otros nuevos:** si el problema se mantiene o se genera otro problema, las tareas correctivas intentadas deben ser documentadas, y debe volverse al estado previo a su aplicación. Después debe comenzarse el proceso desde el principio.

3.2.6. Documentar

La documentación incluye la descripción de las acciones llevadas a cabo junto con el resto de documentación generada sobre el problema. La documentación debe estar accesible en todo momento para otros administradores, así como a los usuarios implicados. De este modo, los administradores pueden prevenir y solucionar el problema si volviese a darse, y los usuarios tienen una idea del estado de resolución de la incidencia. Hay diferentes aspectos del proceso que deben ser documentadas:

- **Síntomas.**
- **Contexto.**
- **Causa del problema**.
- **Acciones correctivas llevadas a cabo**.
- **Resultado de las acciones correctivas**.

La forma de organizar la documentación dependerá de las características del *software* que utilicemos para la gestión de incidencias.

ACTIVIDADES

3.1. Explica en qué consiste detectar un problema y diagnosticar un problema.

3.2. ¿Qué son los NMS (*Network Management System*) y cuál es su función?

3.3. ¿Cuáles son las características que suelen incorporar los NMS y cuáles son los aspectos que controlan?

3.4. Explica los conceptos de técnico *helpdesk* y *ticket*.

3.5. Describe el protocolo que se debe seguir para el seguimiento de incidencias.

3.6. ¿Qué es una base de conocimiento? ¿Y una lista FAQ?

3.7. ¿Cuáles son las características que debe cumplir una base de conocimientos para ser útil?

3.8. ¿Cuáles son las buenas prácticas que se deben aplicar en una FAQ para que esta sea útil?

3.9. Detalla los elementos que se suelen incorporar en una documentación técnica sobre la red.

3.10. Enumera algunas de las principales herramientas que se pueden utilizar para la creación de documentación.

3.11. ¿Qué es un analizador de protocolos?

3.12. ¿En qué consiste el concepto de *port mirroring*?

3.13. Describe algunos de los principales comandos de red.

3.14. Describe el protocolo de actuación que se debe seguir para la gestión de incidencias en las redes de área local.

3.15. Explica detalladamente las siguientes fases de la gestión de incidencias:

    a) Aislar el problema.

    b) Implementar acciones correctivas.

    c) Comprobar el efecto de las tareas correctivas.

    d) Documentar.

4. Comprobación de cables de par trenzado y coaxial

Contenido

Introducción

Una parte de las tareas de un administrador de redes es solucionar problemas del nivel físico según el modelo de referencia OSI. El nivel físico es el más crítico de todos. Si falla, también falla todo lo demás. Para poder detectar problemas, es necesario conocer las herramientas disponibles en el mercado para la comprobación de instalaciones de cable. La sección 4.1 aborda las principales herramientas de comprobación de cableado. Además de detectar problemas, un administrador debe conocer la estructura de su red para poder así reducir el alcance de las pruebas realizadas. En la sección 4.2 se realiza una breve introducción al cableado estructurado que permite estructurar la red con objeto, entre otras cosas, de simplificar las labores de mantenimiento. Además de las herramientas y la estructura de la red, un administrador debe conocer los procedimientos a seguir para comprobar el cableado y los problemas habituales que se dan en una red cableada, cuestiones que se examinan en la sección 4.3.

4.1. Categorías de herramientas de comprobación de cableado

La comprobación del cableado se puede hacer a diferentes niveles:

- Un hilo transmite corriente.

- Un cable está bien conectado.

- Un cable admite la velocidad deseada.

- Un cable respeta los estándares TIA/ISO deseados.

Existen herramientas especializadas para cada una de estas cuestiones.

- **Comprobadores de continuidad y *testers*:** se trata de dispositivos que permiten comprobar si un hilo de cobre transmite corriente o no. Para comprobar la continuidad, se pueden utilizar multímetros digitales. Entre otras muchas cosas, estos dispositivos incluyen la posibilidad de comprobar la continuidad de un hilo. El inconveniente que tiene usar un multímetro es que se requiere la comprobación hilo por hilo, por lo que puede ser algo tedioso. Existen comprobadores de continuidad específicos para el cableado de red, llamados *testers,* que incluyen puertos para la inserción de un conector, permitiendo la comprobación de todos los hilos del cable de una sola vez. Dependiendo del modelo de *tester*, la comprobación se realiza hilo a hilo, o bien por pares de hilo. Un comprobador de continuidad específico para cables de cobre puede llegar a tener un precio muy bajo, de entre 5 y 10 euros. Se trata de una herramienta que se puede utilizar de manera muy sencilla para realizar comprobaciones rápidas de cables con pocos requerimientos, como los latiguillos. Además, puede ser usado como primera comprobación para descartar problemas de continuidad en un enlace.

- **_Tester_ de gama media:** se ha separado artificialmente esta categoría de la anterior (comprobadores de continuidad o _tester_) para recoger una gama de productos disponibles en el mercado que realiza tareas básicas de comprobación de continuidad, además de comprobaciones algo más complejas, sin llegar a ser un certificador (ver más adelante en esta sección). Dependiendo del modelo, un _tester_ de gama media añade algunas comprobaciones adicionales (además de la continuidad), como por ejemplo:

  — Detección de diferentes averías, como circuitos abiertos, cortocircuitos, hilos cruzados, pares cruzados, pares divididos.

  — Detección de configuración directa/cruzada del cable.

  — Longitud del enlace de cableado.

  — Distancia a una avería en el cable (TDR[6] o _Time Domain Reflectometer_).

  — Detección de dispositivo activo al otro lado del enlace.

  — Rastreo de cables por tonos.

  Además de estas opciones, también se pueden encontrar _testers_ específicos para cables de telefonía, con características como la detección de voltajes telefónicos, derivaciones en puente, generación y detección de tonos de llamada, etcétera.

  Muchas empresas no pueden permitirse el lujo de adquirir un certificador, y un _tester_ ofrece información insuficiente sobre las causas del problema. Los _testers_ de gama media son una alternativa en este sentido. Su precio puede oscilar entre los 30 y los 1000 euros.

- **Cualificador:** la verificación de un cable de red garantiza la integridad del mismo y que las señales viajan a través de él, pero no que se vaya a alcanzar la máxima velocidad proporcionada por la tecnología de enlace empleada. Cuando la continuidad de un cable de enlace ha sido comprobada pero presenta problemas de rendimiento, un cualificador puede comprobar si la configuración es compatible o no con una cierta tecnología. Por ejemplo, se puede comprobar si un cable es compatible con 1000BASE-T o no.

- **Certificador:** mediante un certificador se puede comprobar que el cableado está instalado correctamente y que cumple con las especificaciones TIA/ISO correspondientes. Esto se consigue midiendo una serie de parámetros definidos por los estándares en función de categorías (ANSI/EIA/TIA 568-C) o clases

---

[6] TDR es una tecnología que permite detectar problemas en un cable de cobre y su ubicación. Se basa en la emisión de un pulso eléctrico de muy corta duración que recorre el cable. El pulso genera diferentes ecos cuando se dan irregularidades en la impedancia del cable. Las irregularidades en la impedancia del cable indican que hay un problema. Dependiendo del tipo de eco generado y el momento en que se genera, es posible determinar el tipo de avería y la distancia a la que se encuentra.

(ISO 11801). La diferencia entre los valores para los parámetros según las clases y categorías radica en el nivel de rendimiento mínimo establecido para cada uno, y por el rango de frecuencias con que se realizan las mediciones. Por lo general, un certificador se utiliza al final de una instalación como prueba de que la instalación es correcta, o bien durante la resolución de problemas para comprobar si un enlace ha superado los requisitos de rendimiento requeridos. Los certificadores son caros, pudiendo llegar a varios miles de euros.

En términos generales, la Tabla 4.1 muestra qué funciones cumplen las diferentes herramientas de comprobación de cableado de red.

Tabla 4.1. Comparación de funciones de las herramientas de comprobación de cableado de red

Comprobación	Certificador	Cualificador	*Tester* de gama media	Multímetro y *tester*
Requisitos del cableado estructurado	*			
Parámetros de medición (MHz, dB, NEXT, etc.)	*			
Compatibilidad con estándares Ethernet		*		
Configuración del enlace (velocidad, dúplex)		*		
Detección de actividad		*	?	
Rastreo por tonos		*	*	
TDR	*	*	*	
Distancia hasta una avería	*	*	*	
Continuidad	*	*	*	*
Mapa de cableado	*	*		

4.2. Analizadores o comprobadores de cable

Tal y como se comenta en la sección 4.1, existen diferentes herramientas para la comprobación del cableado. Como se puede apreciar en la Tabla 4.1, un certificador realiza la mayoría de mediciones de interés para garantizar que la red funcionará según lo esperado. Un cualificador se utilizará cuando la compatibilidad de un enlace de cable con una cierta tecnología quede entredicha por problemas de rendimiento. En esta sección se va a prestar especial atención a la certificación de la red. En la Figura 4.1 se puede apreciar un certificador de la marca Fluke.

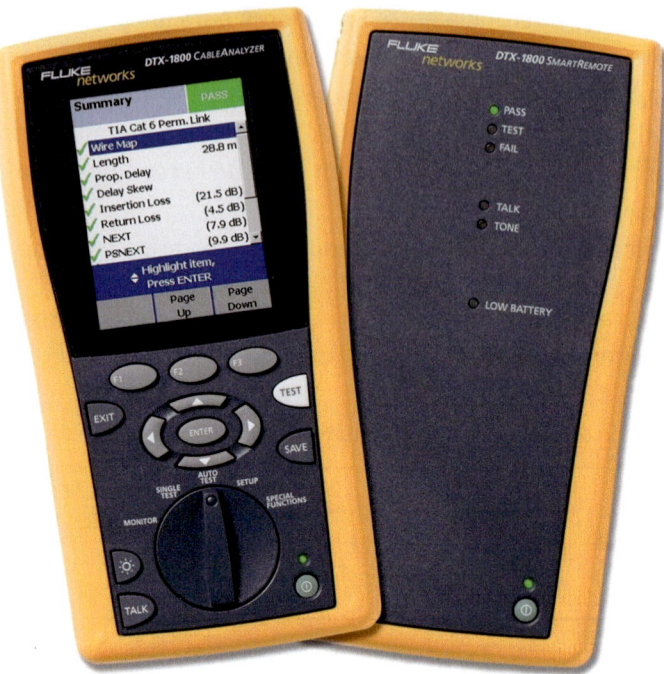

Figura 4.1. Certificador de red modelo Fluke DTX-1800.

4.2.1. Características

Los certificadores son unidades portátiles, ya que un técnico debe poder transportarlo consigo por largos periodos de tiempo. Constan de dos módulos:

- **La unidad principal:** esta unidad incluye un *display,* así como otros elementos táctiles para el control de las pruebas realizadas. El técnico configura las pruebas, las ejecuta y comprueba su resultado en esta unidad.

- **La unidad remota:** es la unidad que se conecta al otro extremo del enlace. Se denomina remota, ya que es habitual que se encuentre fuera del alcance del técnico. Suele incluir algunos indicadores básicos, como un indicador de prueba activa, de fallo o de nivel de batería bajo.

Los certificadores son aparatos de precisión que tienen gran complejidad, por lo que suelen ser costosos, con precios de varios miles de euros. Afortunadamente, su precio suele valer la pena, ya que ofrecen información precisa sobre el estado del cableado, y además ofrecen sugerencias sobre cómo solucionar los problemas.

Utilizando un certificador se puede comparar el rendimiento de transmisión de un sistema de cableado empleando varias mediciones de parámetros definidos en los estándares ANSI/TIA/EIA 568-C e ISO 11801. Las mediciones realizadas permiten comprobar dos cosas:

- **La calidad de los componentes utilizados:** unos componentes de mala calidad introducen dificultades en la transmisión.

- **La calidad de la instalación realizada:** aunque los componentes sean de calidad, si la instalación no es correcta seguirán apareciendo dificultades en la transmisión. De hecho, en muchos casos es necesaria la certificación para obtener la garantía del fabricante.

Conforme van apareciendo nuevas tecnologías de transmisión, la calidad de la instalación del cableado y de los componentes se vuelve más importante, ya que es necesario afinar más el rendimiento para obtener la máxima capacidad. La certificación es un método estándar de garantizar que el cableado supera los mínimos de calidad exigibles para el correcto funcionamiento de la red. Para poder certificar un sistema de cableado, se utilizan mediciones de parámetros que se van actualizando conforme avanza la tecnología. Algunos de los parámetros se describen en las siguientes secciones.

4.2.1.1. MAPA DE CABLEADO

El mapa de cableado muestra las conexiones entre la unidad principal y la remota. El certificador comprueba si los hilos respetan un cierto código de colores, como EIA/TIA 568A o EIA/TIA 568B. Algunos fallos habituales en este tipo de test son los siguientes:

- Circuito abierto.

- Cortocircuito.

- Hilos cruzados.

- Pares cruzados.

Estos problemas se describen en la sección 4.2.3.

4.2.1.2. RESISTENCIA DE BUCLE

La resistencia muestra la resistencia de cada par al introducirle un flujo continuo de corriente. La unidad remota conecta los extremos del par probado para crear el bucle. Aunque la mayoría de estándares no incluyen límites para la resistencia, este test permite comprobar si un par tiene una resistencia superior a los demás, mostrando un problema.

La resistencia de un par depende de la integridad de los contactos en el conector, la longitud del par y su sección.

4.2.1.3. LONGITUD

Es la longitud de cada par. En las instalaciones de cableado estructurado, un cable no debería llegar a los 90 metros. La razón está en que el cable de par trenzado tiene una longitud máxima de 100 metros, a los que hay que restar 10 metros perdidos[7] en la sala de telecomunicaciones y en la zona del usuario. Resulta común que un certificador ofrezca medidas de longitud dispares entre los pares, con variaciones pequeñas de hasta un 5 %. Esto puede deberse a diferencias de velocidad en cada par y a un destrenzado excesivo en alguno de los pares.

4.2.1.4. RETARDO DE PROPAGACIÓN

El retardo de propagación es el tiempo que tarda un pulso eléctrico en recorrer un par del cable. El retardo se mide en nanosegundos y varía de un par a otro por diferencias en su longitud y sus características eléctricas. Existe un tiempo máximo de retardo de propagación para un enlace, aunque también permite descubrir diferencias anómalas entre los pares.

4.2.1.5. DIFERENCIA DE RETARDO

Es la diferencia entre el retardo de propagación entre los pares. El par con menor retardo de propagación tiene una diferencia de retardo de cero nanosegundos y es tomado como referencia para calcular la diferencia de retardo del resto de pares. La diferencia de retardo tiene un límite superior, pero incluso superando el test, permite detectar diferencias anómalas en alguno de los pares.

4.2.1.6. PÉRDIDAS DE INSERCIÓN

La pérdida de inserción, o atenuación, se da por la pérdida de potencia de la señal a lo largo del cable. Describe la relación entre la potencia de entrada y la potencia de salida y se expresa en decibelios (dB). La pérdida de inserción es más pronunciada cuanto mayor es la frecuencia empleada. Los estándares especifican los valores máximos admisibles.

La pérdida de inserción se debe a la resistencia que ofrece el cable a la circulación de la electricidad, a los conectores y al mal estado del aislamiento del cable.

---

[7] La norma ANSI/TIA/EIA 569-C establece que puede haber una parte del cableado en la sala de telecomunicaciones dedicado a interconexión en *patch-pannel*, latiguillos y a cableado de reserva, y otra parte desde el punto de red hasta el *host*.

4.2.1.7. PÉRDIDA DE RETORNO

La pérdida de retorno de una señal es una medida que indica la relación entre la señal de entrada y la señal reflejada. Al igual que la pérdida de inserción, se mide en decibelios (dB) y cuanto mayor sea menor es la cantidad de señal reflejada. La reflexión de la señal se debe a variaciones en la impedancia del cable. Altos niveles de pérdida de retorno indican que el cable refleja muy poca cantidad de señal hacia la fuente. Este parámetro es importante en los sistemas de cableado de alta velocidad, como Gigabit Ethernet, ya que en las comunicaciones *full duplex*[8] la electrónica de las interfaces de red debe separar las señales entrantes y salientes, lo que se complica si hay una baja pérdida de retorno, ya que la reflexión de las señales salientes puede confundirse con señales entrantes.

La causa de una baja pérdida de retorno puede deberse a variaciones en la estructura del cable, conectores defectuosos y torceduras del cable u otros daños.

4.2.1.8. NEXT

Toda corriente eléctrica genera un campo magnético y viceversa. Por eso, una corriente eléctrica en un cable puede inducir una corriente eléctrica inversa en un cable vecino. A este fenómeno se le llama diafonía. Para medir la diafonía, el certificador introduce una señal conocida en uno de los cables y comprueba la perturbación recibida en el resto de cables. La relación entre la señal original y la perturbación causada se mide en decibelios (dB) y cuanto mayor sea menor será la perturbación, es decir, es preferible un valor alto. Cuando esta medición se realiza cerca de la fuente, se denomina NEXT (*Near-End Crosstalk*) o paradiafonía. La paradiafonía debe comprobarse en ambos extremos del cable, ya que la pérdida de inserción hace que la diafonía sea muy inferior en el extremo lejano del cable. Los estándares establecen un nivel mínimo de NEXT que debe ser superado en los test.

4.2.1.9. PSNEXT

PSNEXT (*Power Sum Near End Crosstalk*) es una medida que incluye la suma de la paradiafonía provocada por todos los cables adyacentes. PSNEXT se expresa en decibelios (dB) y, al igual que en la paradiafonía, son preferibles valores altos. Los estándares establecen un nivel mínimo de PSNEXT que debe ser superado en los test.

---

[8] La comunicación *full duplex* describe una comunicación bidireccional, de forma que se pueden enviar y recibir señales simultáneamente.

4.2.1.10. ELFEXT

FEXT (*Far End Crosstalk*) mide la telediafonía, es decir, la diafonía en el extremo remoto. La telediafonía detectada en la unidad principal se ve afectada por la pérdida de inserción, ya que la señal debe viajar por todo el cable con la consecuente atenuación. ELFEXT (*Equal Level Far End Crosstalk*), o ACR-F, intenta paliar esta atenuación, restándosela a la telediafonía registrada. Se mide en decibelios (dB) y, al igual que ocurre con la diafonía, un valor alto de ELFEXT es positivo. Los estándares establecen un nivel mínimo de ELFEXT que debe ser superado en los test.

4.2.1.11. PSELFEXT

PSELFEXT (*Power Sum Equal Level Far End Crosstalk*), o PSACR-F, proporciona la suma del ELFEXT provocado por todos los pares a la vez. Se expresa en decibelios (dB), y es preferible un valor alto. Los estándares establecen un nivel mínimo que se debe superar en los test.

4.2.1.12. RELACIÓN ATENUACIÓN/DIAFONÍA (ACR)

ACR (*Attenuation to Crosstalk Ratio*), o relación atenuación/diafonía, compara la potencia de la señal recibida desde el otro extremo del cable con la potencia de la paradiafonía. Esto es importante en las líneas de alta velocidad para que los filtros electrónicos puedan eliminar las señales provocadas por la paradiafonía de las señales transmitidas desde el otro extremo. Al igual que ocurre con la paradiafonía, la relación atenuación/diafonía se mide en decibelios, y un valor alto es preferible. Los estándares establecen un nivel mínimo que se debe superar en los test.

4.2.1.13. RELACIÓN ATENUACIÓN/DIAFONÍA DE SUMA DE POTENCIAS (PSACR)

PSACR (*Power Sum Attenuation to Crosstalk Ratio*) compara la potencia de las señales recibidas desde el otro extremo de un par con la suma de la potencia de la paradiafonía del resto de pares. Se expresa en decibelios (dB) y, al igual que ocurre con la relación atenuación/diafonía, un valor alto indica que la señal original es mucho mayor que la paradiafonía. Los estándares definen valores mínimos que se deben superar durante los test.

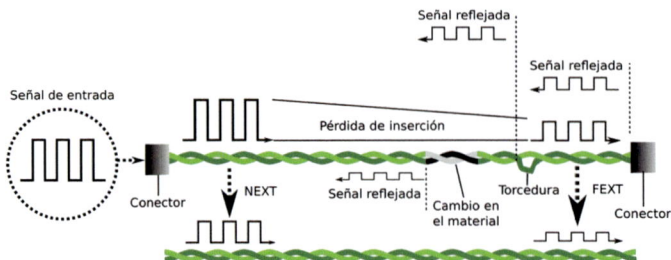

Figura 4.2. Algunas perturbaciones que son medidas mediante un certificador.

4.2.1.14. MODELOS DE ENLACE Y EL CABLEADO ESTRUCTURADO

Existe una relación íntima entre la certificación de una red y el uso de cableado estructurado:

- Para la certificación de un enlace[9], debe elegirse qué parte del mismo se va a evaluar. A esto se le llama elegir el modelo de enlace.

- Por otro lado, para la certificación de una red es requisito que se esté utilizando cableado estructurado.

Cableado estructurado

El cableado estructurado es un enfoque sistemático del cableado. Utilizarlo significa seguir un conjunto de reglas[10] al llevar a cabo tareas relacionadas con los cables de la red y todos los elementos que se utilizan alrededor de él. Es importante que un administrador de redes tenga nociones sobre este particular, ya que debe saber en qué parte del cableado se deben hacer las pruebas cuando se produce un problema. El cableado estructurado divide el cableado en seis[11] subsistemas. Cada subsistema tiene su función específica y sus propias normas. Los subsistemas son:

- **Punto de entrada (EF):** es el cableado, elementos de interconexión y resto de equipamiento de red que se conecta al ISP[12].

- **Sala de equipamiento (ER):** el cableado proveniente del punto de entrada pasa al resto de la red por la sala de equipamiento. Esta sala es el centro de la red de voz y datos. Alberga armarios *rack*, servidores, equipos de *networking*, centralitas telefónicas (PBX), tomas de tierra, dispositivos de protección, etcétera.

- **Sala de telecomunicaciones (TR) y armario de telecomunicaciones (TE):** el cableado estructurado se articula a través de las TR y las TE, que albergan elementos de interconexión para un área concreta de la LAN, como paneles de parcheo (*patch panel*), ordenadores de cable, electrónica de red (*routers*, *switches*, puntos de acceso, etc.). La diferencia entre TR y TE es de tamaño[13] del área a la que prestan servicio. Las TR (y las TE en su caso) se presentan de tres maneras:

---

[9]   Llamamos enlace al conjunto de elementos del cableado que permiten conectar dos nodos de la red.

[10]   Existen varias normativas sobre cableado estructurado. La norma ANSI/TIA/EIA 568-C, que se aplica en Estados Unidos es la más conocida. Establece los subsistemas de cableado, los requisitos mínimos para los componentes del cable de par trenzado, definiendo aspectos como la estructura del cable, las características de transmisión, los conectores, el *hardware* de conexión, etc. En Europa la norma equivalente a ANSI/TIA/EIA 568-C es EN 50173. Además, existen otras normas para definir diferentes aspectos sobre el cableado.

[11]   Información basada en los estándares ANSI/TIA/EIA 568-C.0 y ANSI/TIA/EIA 568-C.1.

[12]   El ISP (*Internet Service Provider*) es la empresa encargada de proporcionar servicios de telefonía y acceso a Internet.

[13]   El estándar ANSI/TIA-568-C.1 indica que debe haber un mínimo de una TR por planta (o bien una TR por cada 1000 m²), que está complementado por la presencia de varias TE, y que pueden ser desde un armario *rack* lleno de electrónica de comunicaciones hasta un pequeño armario de pared.

- **MC (*Main Cross-connect*):** es la TR principal, desde donde se distribuye el cableado hacia el resto de la red. Puede compartir espacio con la sala de equipamiento.

- **IC (*Intermediate Cross-connect*):** es una sala de tamaño mediano (respecto a la MC) que se conecta directamente al MC. Una IC es una TR que alberga el equipamiento de un edificio.

- **HC (*Horizontal Cross-connect*):** es una TR o una TE que interconecta el cableado de un piso con el resto. Se suele presentar en forma de gabinete de red.

- **Cableado vertical (troncal o *backbone*):** es el cableado principal, que conecta la MC con las IC, y las IC con las HC. A través de él fluyen las señales entre los *hosts* y el núcleo[14] de la red, por lo que es comparable a la médula espinal de la red. Puede utilizarse par trenzado de cobre o fibra óptica, lo que determina la distancia máxima de los tendidos. La capacidad del cableado vertical es mayor que el del resto del cableado, dado el mayor volumen de señales que transporta.

- **Cableado horizontal:** el cableado horizontal se extiende entre el área de trabajo y un HC. Normalmente empieza en un punto de red de pared (o de otro tipo) y termina en un *patch panel* de una TR. Este cableado está más expuesto a cambios, por lo que existen mecanismos para articular el cableado, como los puntos de consolidación. Un punto de consolidación es un dispositivo mecánico de interconexión similar a un *patch panel* ubicado en algún punto del cableado horizontal, que no deja de ser una suerte de empalme. Si hay que sustituir un cable, solo hay que hacerlo hasta el punto de consolidación, reduciendo así costes y complejidad del trabajo.

- **Área de trabajo:** se trata de la zona de cobertura de una TR o una TE que está conectada al cableado horizontal. Dependiendo de los medios de transmisión empleados, el tamaño de dicha zona variará. Si el cableado horizontal está compuesto de par trenzado de cobre (como suele ser habitual), el radio de esta zona variará entre los 50 metros y los 90 metros. La razón está en que el cable de par trenzado tiene una longitud máxima de 100 metros, a los que hay que restar 10 metros perdidos[15] en la TR y en la zona del usuario, junto con los metros que se invierten en la trayectoria del tendido (probablemente no rectilínea). Por razones de diseño, se suele usar un radio de 50 metros, lo que da un

---

[14] El núcleo está formado por cableado y electrónica de red de alta velocidad cuya misión es desviar el tráfico lo más rápidamente posible hacia los servicios apropiados, estén dentro de la misma red o no. Está ubicado en el MC.

[15] La norma ANSI/TIA/EIA 569-C establece que puede haber una parte del cableado en la TR dedicado a interconexión en *patch panel*, latiguillos y a cableado de reserva, y otra parte desde el punto de red hasta el *host*.

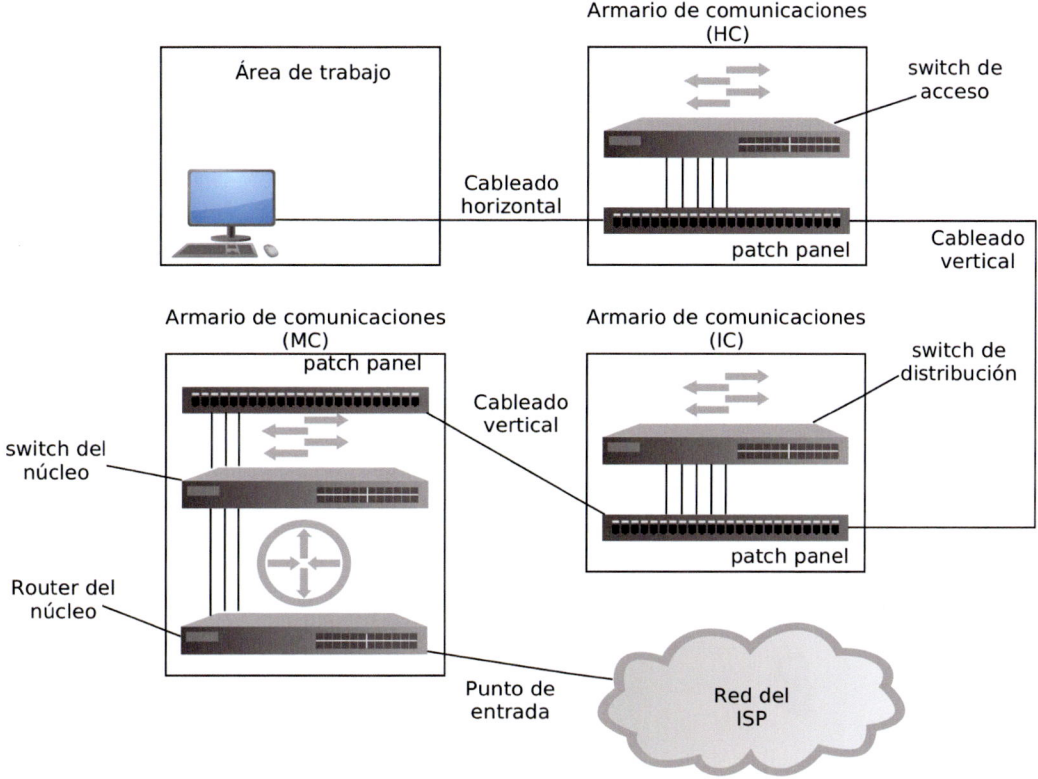

margen para cambios.

Figura 4.3. Esquema con los subsistemas del cableado estructurado.

Modelos de enlace

Existen dos modelos de enlace:

- **Enlace permanente:** se denomina así a todos los componentes del enlace que no van a ser cambiados a lo largo del tiempo. Es decir, todos los elementos que van desde un *patch panel* hasta otro *patch panel,* o bien hasta un punto de red. Esto puede incluir conectores de red hembra, cableado horizontal, vertical, puntos de consolidación, etc. La particularidad del modelo de enlace permanente es que los latiguillos utilizados para conectar las unidades del certificador al enlace deben ser transparentes a las mediciones. Para conseguir este nivel de transparencia se debe utilizar un latiguillo especial, denominado adaptador de enlace permanente, fabricado expresamente para esta tarea. En la Figura 4.4 se puede apreciar un certificador, junto con otros elementos, entre los que hay un adaptador de enlace permanente. Para garantizar que las mediciones son completamente transparentes, los certificadores incluyen algún procedimiento de calibración del adaptador de enlace permanente, y así poder eliminar sus efectos del canal.

- **Enlace de canal:** este modelo incluye todos los elementos del enlace que conectan las unidades del certificador. Esto quiere decir que las mediciones incluyen los latiguillos que conectan las unidades del certificador al sistema de cableado. Los latiguillos deben ser adecuados, es decir, tienen la misma categoría que el enlace o superior, y deben ser certificados para evitar que tengan anomalías que afecten a las mediciones. En este modelo no se utiliza un adaptador de enlace permanente, sino un adaptador de canal al que se conecta el latiguillo correspondiente. En la Figura 4.4 aparece entre otros elementos un adaptador de canal.

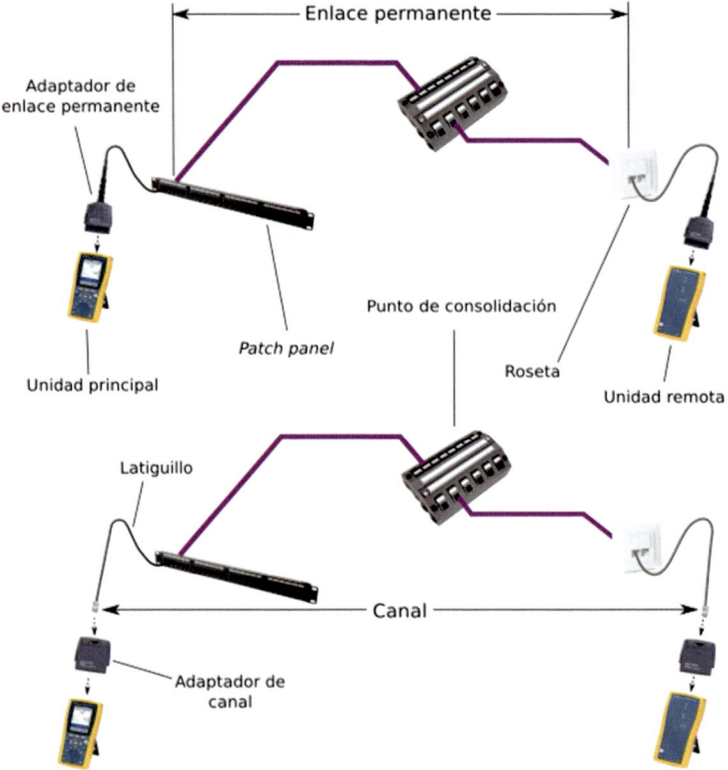

Figura 4.4. Modelos de enlace empleados para la certificación de un enlace.

Cuando se lleva a cabo la instalación del cableado, las pruebas de certificación se realizan empleando el modelo de enlace permanente por los siguientes motivos:

- En muchos casos aún no se han añadido los latiguillos en los *patch panel.*

- Los latiguillos y los cables que conectan los nodos al enlace pueden ser cambiados muchas veces a lo largo de su vida útil, por lo que incluirlos en las mediciones puede hacer que dejen de ser válidas con cada cambio.

Las mediciones empleando un modelo de enlace de canal se realizan una vez que la red ya está operativa, para llevar a cabo tareas de mantenimiento y resolución de problemas.

4.2.2. Procedimiento de comprobación de cables de par trenzado

Durante el mantenimiento de un sistema de cableado es habitual comprobar el estado de los cables. Algunas de estas tareas, las más básicas, se pueden llevar a cabo con un simple *tester*. Otras requieren del uso de equipamiento más avanzado, como un cualificador o un certificador.

Una de las ventajas del cableado estructurado es que se pueden sistematizar las pruebas sobre el mismo para garantizar que ha sido probado en su totalidad. De este modo, se facilita tanto la certificación de la red como la resolución de problemas durante su ciclo de vida. La sistematización de las comprobaciones se consigue probando uno a uno todos los enlaces de cada subsistema. Los enlaces que se prueban en una instalación de cableado estructurado se limitan a un único subsistema:

- **Pruebas en un área de trabajo:** incluye el cableado que va desde la estación de trabajo hasta el punto de red correspondiente, como una roseta de pared, por ejemplo. Este cableado se compone de latiguillos de hasta cinco metros que pueden estar más expuestos que el resto del cableado. Un técnico puede probar cada uno de estos latiguillos.

- **Pruebas en el cableado horizontal:** incluye múltiples enlaces desde un HC hasta los puntos de red (rosetas de pared, por ejemplo) que hay en su área de cobertura. Un técnico puede probar cada enlace desde cada punto de red hasta el puerto del *patch panel* correspondiente en su HC.

- **Pruebas en el cableado vertical:** incluye múltiples conexiones entre un HC y un IC, o bien entre un IC y un MC. Un técnico puede probar cada enlace que une un puerto del *patch panel* de un armario o sala de comunicaciones (TE o TR) con el puerto del *patch panel* correspondiente al siguiente armario o sala de comunicaciones.

- **Pruebas en el interior de un armario de comunicaciones:** además de las pruebas citadas, también se pueden hacer pruebas sobre los latiguillos que conectan la electrónica de red con los *patch panel*. Los latiguillos son cables muy humildes pero son un eslabón más de la cadena. De hecho, al ser los cables que más cambian son los que habitualmente dan más problemas.

El procedimiento seguido para la detección de problemas y para certificar un enlace siempre es el mismo:

1. Insertar uno de los latiguillos en la unidad principal del *tester* o el certificador. El otro extremo del latiguillo debe conectarse al puerto del *patch panel* correspondiente al enlace que se desea probar.

2. Insertar el otro latiguillo en la unidad remota del *tester* o el certificador. El otro extremo del latiguillo debe conectarse al otro extremo del enlace, como una roseta de pared, por ejemplo.

3. Iniciar el procedimiento de testeo.

Un *tester* dispone de indicadores luminosos para mostrar la continuidad en un cierto hilo. Dependiendo del *tester,* puede haber un indicador luminoso por hilo, o bien un indicador luminoso por par. Los indicadores luminosos por hilos resultan más fáciles de interpretar, ya que cada hilo es probado de manera independiente, pudiendo así detectar situaciones que afectan a un hilo exclusivamente.

Al iniciar una prueba, el *tester* envía un pulso eléctrico por cada hilo. Si la señal es recibida en la unidad remota, se ilumina el indicador correspondiente al hilo. En la Figura 4.5 se puede apreciar este comportamiento.

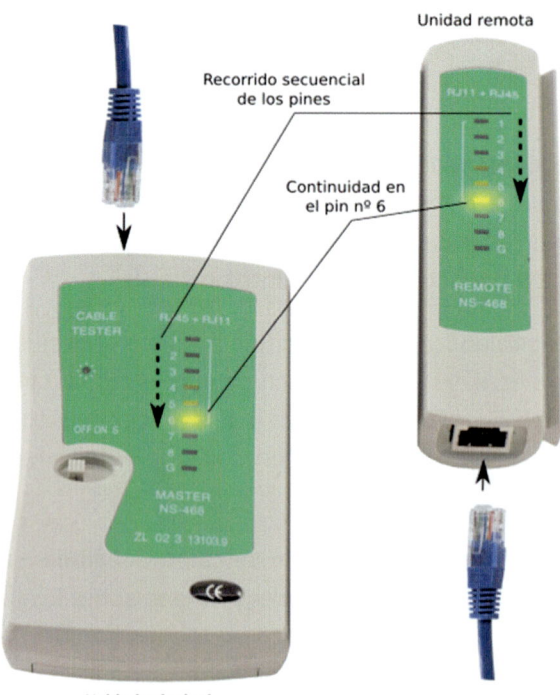

Figura 4.5. El *tester* ilumina el indicador de un hilo si detecta corriente.

Los certificadores realizan todas las pruebas necesarias en un enlace mediante test automatizados. Una vez que se han completado los test, se genera un informe con los resultados. Los resultados se pueden ir examinando a través de la pantalla del certificador.

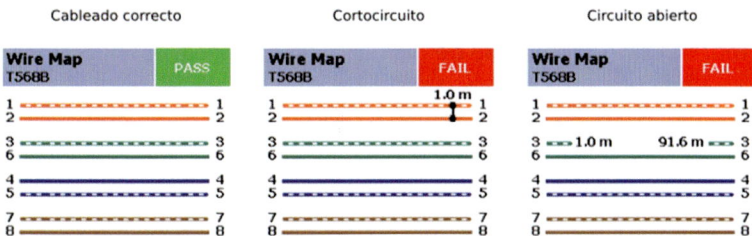

Figura 4.6. Resultados mostrados en el *display* de un certificador para diferentes pruebas.

4.2.2.1. CIRCUITO ABIERTO

Un circuito abierto es aquel que no está cerrado, impidiendo que la electricidad circule a través de él. Cuando se utiliza un *tester* se puede observar que alguno de los indicadores luminosos no se enciende, lo que muestra que no se transmitió corriente. Cuando se utiliza un certificador, es posible obtener además el punto en que se ha detectado el corte.

Las razones más habituales de que un circuito esté abierto son las siguientes:

- Un cable se ha roto por exceso de tensión en las conexiones.

- Un cable está unido a una conexión incorrecta, por lo que el técnico está conectando el verificador a un puerto donde no se recibe corriente.

- El cable no está conectado correctamente y hace un mal contacto con el conector.

- El conector está dañado.

- El cable ha sido cortado.

- El cable está conectado a los pines incorrectos en el conector.

4.2.2.2. CORTOCIRCUITO

Un cortocircuito se produce cuando dos conductores que deberían estar aislados entre sí entran en contacto. Cuando se utiliza un *tester* para comprobar un enlace, un cortocircuito provocará que más de un indicador se encienda a la vez, señal de que el pulso eléctrico está llegando simultáneamente a más de un pin del conector. Cuando se utiliza un certificador, el cortocircuito se muestra mediante un gráfico, indicando el punto del cable en que se produce. En la Figura 4.6 se puede observar, entre otros, el gráfico que muestra el certificador Fluke DTX 1800 para notificar un cortocircuito.

Las razones más habituales de un cortocircuito son las siguientes:

- La impactación del cable (o su crimpado, dependiendo de si el conector es hembra o macho) se ha realizado de forma incorrecta provocando que algunos hilos entren en contacto. Las impactadoras incluyen una cuchilla para que al impactar el cable en el conector IDC se corte el resto sobrante de hilo de cobre. Algunas impactadoras de mala calidad no realizan correctamente el corte, pudiendo quedar restos de cable colgando fuera del conector.

- El cortocircuito se produce en el mismo conector porque es defectuoso.

- Hay un material conductor entre los pines de un conector, como un trozo de hilo metálico. Esto es especialmente posible cuando se utiliza cable multifilar.

- La cubierta aislante de dos hilos está rota y los hilos entran en contacto.

- Se está utilizando una categoría de cable inferior a la del conector. Por ejemplo, los cables de categoría 5e tienen una sección inferior al diámetro de los conductos del conector de categoría 6. Esto puede provocar fácilmente que dos hilos entren por el mismo conducto, provocando un cortocircuito.

4.2.2.3. HILOS CRUZADOS

Tal y como se describe en la Tabla 4.2, las conexiones de los cables que hay en un enlace deben seguir un cierto código de color. Cuando se produce un error en la ubicación de un hilo en un conector, de forma que no corresponde al código que supuestamente se está utilizando, se produce una incidencia de hilos cruzados. Cuando se utiliza un *tester,* es fácil detectar un cruce de hilos, ya que el orden en que se activan los indicadores luminosos no se corresponde con el esperado. Si se está utilizando un certificador, se podrá comprobar qué hilos están cruzados.

La causa de un hilo cruzado es siempre que el técnico que llevó a cabo la instalación cometió un error durante su *crimpado/impactación.*

4.2.2.4. PARES CRUZADOS

Si se compara el código de color T568A y T568B, se puede comprobar que los colores de los hilos 4, 5, 7 y 8 (azul, blanco-azul, blanco-marrón y marrón) tienen la misma posición en ambos. En cambio, los colores de los hilos 1 y 2 del código T568A (blanco-verde y verde) coinciden con los colores de los hilos 3 y 6 del código T568B.

Del mismo modo, los colores de los hilos 3 y 6 del código T568A (blanco-naranja y naranja) coinciden con los colores de los hilos 1 y 2 del código T568B. Supongamos que un cable dispone su conexión del siguiente modo:

Tabla 4.2. Ejemplo de cable con los pares azul y marrón cruzados

Número de pin	Extremo 1	Extremo 2
1	Blanco-naranja	Blanco-naranja
2	Naranja	Naranja
3	Blanco-verde	Blanco-verde
4	Azul	Marrón
5	Blanco-azul	Blanco-marrón
6	Verde	Verde
7	Blanco-marrón	Blanco-azul
8	Marrón	Azul

Como se puede observar en la Tabla 4.2, el par azul (formado por un hilo de color azul y otro blanco-azul) ocupa la posición del par marrón (formado por un hilo de color marrón y otro blanco-marrón) en el extremo 2, y viceversa. Cuando se da una circunstancia similar a esta, se dice que se ha producido un cruce de pares. Si se está utilizando un *tester*, puede resultar algo complicado de ver claramente, ya que la mayoría de los *testers* iluminan los indicadores con cierta velocidad, por lo que puede no dar tiempo a observar que hay un cruce de pares. Sin embargo, sí es fácil ver que el orden en que se iluminan los indicadores no es el esperado. Existe cierto tipo de *tester* que utiliza solo cuatro indicadores, uno por cada par. Con este tipo de *tester* sí es fácil ver que hay un cruce de pares, ya que el orden es claramente anómalo. Si lo que se está utilizando es un certificador, se podrá ver en el informe correspondiente información sobre los pares cruzados. En la Figura 4.6 se puede ver entre otras capturas, el informe generado por un certificador Fluke DTX 1800 cuando se produce un cruce de pares.

La razón detrás de un cruce de pares suele ser alguna de las siguientes:

- Cables conectados a pines incorrectos.

- Mezcla[16] de los códigos de color T568A y T568B a lo largo del enlace. Esta es la causa más habitual del cruce de pares.

- Uso de latiguillos cruzados.

---

[16] En ocasiones, un cruce de pares puede pasar inadvertido si se cruza dos veces el mismo par en el mismo enlace. Esto puede ser una fuente de problemas futuros cuando se realicen cambios en el cableado. Para evitarlo, siempre se debe usar el mismo código de color a lo largo de la instalación.

4.2.2.5. PAR DIVIDIDO

Se dice que un par está dividido cuando un hilo de un par está cruzado con el hilo de otro par en ambos extremos.

Tabla 4.3. Ejemplo de cable con los pares azul y marrón divididos

Número de pin	Extremo 1	Extremo 2
1	Blanco-naranja	Blanco-naranja
2	Naranja	Naranja
3	Blanco-verde	Blanco-verde
4	Azul	Azul
5	Blanco-azul	Blanco-marrón
6	Verde	Verde
7	Blanco-marrón	Blanco-azul
8	Marrón	Marrón

En el ejemplo de la Tabla 4.3, el par azul y marrón están divididos, ya que los hilos blanco-marrón y blanco-azul están cruzados. Al igual que ocurre con los pares divididos, si se utiliza un *tester,* puede resultar algo complicado ver a primera vista que se trata de un par dividido. Lo más probable es que se observe un orden anómalo en los indicadores, aunque a primera vista no se vea claro que se trata de un par dividido. Si se utiliza un certificador, se puede ver claramente en el informe que hay un par dividido y cuáles son los hilos afectados.

La razón de un par dividido siempre es un error en la aplicación del código de colores.

4.2.2.6. DETECCIÓN DE VOLTAJES TELEFÓNICOS

Hace algunos años era habitual encontrar una red de cableado exclusivamente para telefonía analógica. La evolución de la tecnología ha propiciado las redes convergentes que integran voz, vídeo y datos sobre una misma red IP. La tecnología que permite la transmisión de voz por una red IP se denomina VoIP. En un futuro cercano, la telefonía analógica sufrirá un apagón definitivo por las ventajas que ofrecen los servicios por VoIP:

- **Menor coste de instalación y explotación:** una única red de datos ofrece la funcionalidad de telefonía, sin necesidad de tener una doble instalación. Además, puesto que la voz viaja en forma de datos, se reduce la factura al poder usar la tarifa plana de datos.

- **Funcionalidades:** centralitas virtuales, interconexión de sucursales, redireccio-
  namiento geográfico, entre otras.

Sin embargo, si es preciso medir el voltaje en un par telefónico de una instalación antigua, es posible hacerlo mediante el empleo de un multímetro, o bien con *tester* orien-
tado a la telefonía analógica.

Un cable conectado a una línea telefónica tiene un voltaje residual que está alrededor de los cuarenta voltios negativos. Los valores de voltaje varían a valores positivos
cuando se mantiene una conversación.

4.2.2.7. DERIVACIÓN EN PUENTE

Las derivaciones en puente son una técnica arcaica utilizada en el pasado por los ins-
taladores de cableado de telefonía. Cuando un técnico de telefonía instalaba el bucle de
abonado, en lugar de llevar directamente el par de cobre hasta la ubicación destino, ex-
tendía el cable más allá y después creaba una derivación en el punto más próximo al
cliente. Mediante esta técnica, la compañía telefónica puede reasignar el par a otro abonado en caso de que el abonado actual se dé de baja, simplemente cambiando la derivación de lugar. La derivación en puente no causa problemas en la telefonía analógica,
pero sí en las tecnologías de banda ancha sobre par de cobre (como ADSL), debido a los
ecos eléctricos que genera la parte del bucle sin conectar. En la actualidad es una técnica obsoleta que ya no se utiliza. Los clientes de servicios ADSL que padecen problemas
crónicos de conexión podrían estar usando un bucle de abonado antiguo que utiliza una
derivación en puente. Para solucionar los problemas causados por una derivación en
puente es preciso sustituir el bucle de abonado por otro sin derivaciones.

Las derivaciones en puente generan una pérdida de inserción muy pronunciada, de forma que son fáciles de detectar utilizando un *tester* que incorpore TDR. Algunos *testers*
de gama media orientados a la telefonía detectan expresamente las derivaciones en
puente.

4.2.2.8. DETECCIÓN DE PUERTOS ETHERNET

A veces es necesario comprobar si existe actividad al otro lado de un enlace. Es decir, comprobar si hay algún dispositivo conectado. La forma más sencilla de comprobarlo consiste en conectar al otro lado del enlace un dispositivo como un portátil o un
switch pequeño. Cuando hay un dispositivo conectado al otro lado del enlace, normalmente el indicador luminoso de estado del enlace de la interfaz de red se encenderá.
También es posible utilizar un cualificador, que es capaz de detectar que hay al otro
lado del enlace. Por supuesto, esta última opción es algo más cara.

4.2.3. Procedimiento de comprobación de cables coaxiales

La comprobación de cables coaxiales es una tarea poco común para un administrador de redes LAN. Hasta finales de los años noventa era habitual encontrar interfaces de red con un puerto coaxial[17]. Actualmente no se utiliza en redes LAN. En cambio, el cable coaxial se sigue utilizando en instalaciones de fibra óptica que utilizan la tecnología HFC[18].

Algunos *testers* de red incorporan puertos para cable coaxial para poder comprobar la continuidad del cable. Los certificadores también suelen contar con adaptadores para la certificación de cable coaxial. En ambos casos el procedimiento es similar al utilizado para comprobar el cable de par trenzado.

4.2.4. Procedimiento de detección de alimentación por Ethernet

El estándar IEEE 802.3af (PoE o *Power over Ethernet*) permite alimentar un dispositivo directamente sobre el cable de cobre. Esta característica simplifica y reduce el coste de la instalación, ya que no es necesario instalar cableado de alimentación eléctrica. Para que un dispositivo pueda ser alimentado mediante PoE debe implementar el estándar IEEE 802.3af. Dicho estándar previene los daños sobre dispositivos que no implementan PoE, ya que la corriente no se suministra hasta que en ambos extremos del cable hay un dispositivo compatible.

La detección de PoE requiere del uso de herramientas de comprobación que soporten dicha característica. En el mercado se pueden encontrar tanto *testers, testers* de gama media, cualificadores y certificadores que pueden detectar PoE.

4.2.5. Procedimiento de localización de cables utilizando tonos

En ocasiones un técnico conoce la ubicación de uno de los extremos de un enlace, pero desconoce la ubicación del otro extremo. Para este tipo de problemas existe un tipo de comprobador especial llamado generador de tonos. Un generador de tonos cuenta con dos unidades:

- **Unidad generadora de tonos:** se trata de la unidad principal. Es la unidad que se conecta al extremo del enlace que es conocido. Esta unidad genera una secuencia de tonos en forma de diferentes voltajes que viajan por el cable.

---

[17] La tecnología Ethernet soportó el cable coaxial como medio durante los ochenta y principios de los noventa. Los estándares que definen EoC (*Ethernet over Coax*) son IEEE 10BASE5, que utiliza cable coaxial grueso y alcanzaba 10 Mbps, e IEEE 10BASE2, que utiliza cable coaxial fino y alcanzaba 10 Mbps.

[18] La tecnología HFC (*Hybrid Fiber Coaxial*) combina el uso de cable de fibra óptica y cable coaxial para crear una red de banda ancha. Esta tecnología es utilizada habitualmente por operadores como ONO en sus instalaciones de fibra óptica.

- **Unidad rastreadora de cables:** se trata de la unidad mediante la que se localiza el cable buscado. Cuando la unidad rastreadora pasa cerca de cable conectado a la unidad generadora de tonos, detecta los tonos y genera una señal acústica que informa al técnico de que el cable ha sido localizado.

La Figura 4.7 muestra un generador de tonos durante la detección de un cable. La forma habitual de utilizar un generador de tonos es la siguiente:

1. El técnico conecta la unidad generadora de tonos al extremo conocido del enlace. Por ejemplo, podría conectarse a un latiguillo insertado en una roseta de pared cuyo puerto en el HC es desconocido.

2. Después se desplaza hasta el armario de comunicaciones donde sospecha que está el otro extremo del enlace.

3. Una vez delante del *patch panel* correspondiente, desplaza la unidad rastreadora sobre los diferentes cables que llegan a él, hasta obtener la señal sonora indicativa de que el generador de tonos está al otro lado.

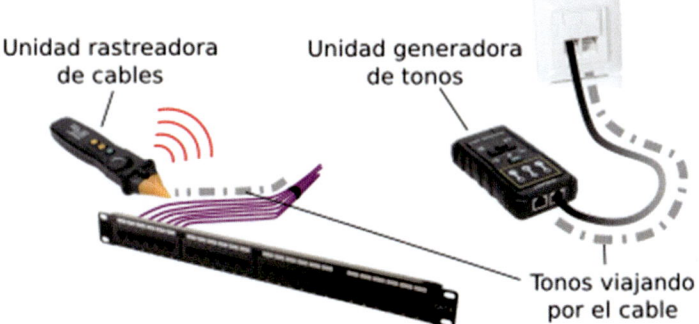

Unidad rastreadora de cables

Unidad generadora de tonos

Tonos viajando por el cable

Figura 4.7. Localización de un cable utilizando un generador de tonos.

ACTIVIDADES

4.1. Explica qué es y para qué son útiles los siguientes elementos:

  a) Comprobador de continuidad y *tester*.

  b) *Tester* de gama media.

  c) Cualificador.

  d) Certificador.

4.2. ¿De qué dos módulos consta un certificador? ¿Qué permite comprobar un certificador?

4.3. ¿Para qué es utilizado el mapa de cableado? ¿Cuáles son los fallos habituales que se localizan en los test realizados por un certificador sobre el mapa de cableado?

4.4. ¿Qué muestra la resistencia de bucle? ¿Qué es la longitud de un par?

4.5. ¿En qué consiste el retardo de propagación? ¿Cuál es la unidad en la que se mide el retardo de propagación?

4.6. ¿Qué es la diferencia de retardo? ¿Para qué sirve esta medida?

4.7. ¿Qué es la pérdida de inserción? ¿A qué es debida esta pérdida de inserción?

4.8. ¿Qué es la pérdida de retorno? ¿En qué unidad se mide? ¿Cuál es su causa?

4.9. Define los siguientes conceptos:

  a) NEXT o paradifonía.

  b) PSNEXT.

  c) ELFEXT.

  d) PSELFEXT.

4.10. ¿En qué consiste la relación de atenuación/diafonía (ACR)? ¿Y la PSACR?

4.11. En el ámbito de las certificaciones, ¿a qué se denomina enlace?

4.12. ¿Existe relación entre la certificación del cableado y el cableado estructurado?

4.13. Enumera los subsistemas del cableado estructurado según la norma ANSI/TIA/EIA 568-C.

4.14. En terminología de cableado estructurado, explica qué significan los siguientes términos:

a) Cableado horizontal.

b) Cableado vertical.

c) HC.

d) IC.

e) MC.

f) Sala de telecomunicaciones.

g) Armario de telecomunicaciones.

4.15. Existen dos modelos de enlace en cuanto a la certificación. ¿Cuáles son? Describe en qué consisten.

4.16. Explica en qué casos es preferible usar un modelo de enlace permanente o un modelo de enlace de canal.

4.17. ¿Qué ventaja ofrece el cableado estructurado desde el punto de vista de las pruebas? ¿De qué forma se pueden sistematizar?

4.18. Explica la siguiente frase:

"Los enlaces que se prueban en una instalación de cableado estructurado se limitan a un único subsistema".

4.19. Detalla el procedimiento seguido para la detección de problemas y para certificar un enlace.

4.20. ¿Cuál es el principio de funcionamiento de un *tester* básico (comprobador de continuidad)?

4.21. ¿Qué es un circuito abierto? ¿Qué motivos puede haber detrás de un circuito abierto?

4.22. ¿Qué es un cortocircuito? ¿Qué motivos puede haber detrás de un cortocircuito?

4.23. ¿Qué son los hilos cruzados? ¿Qué motivos puede haber detrás de un par de hilos cruzados?

4.24. ¿Qué son los pares cruzados? ¿Qué motivos puede haber detrás de un par de pares cruzados?

4.25. ¿Qué son los pares divididos? ¿Qué motivos puede haber detrás de un par dividido?

4.26. ¿Cómo se puede comprobar si hay actividad al otro lado de un enlace?

4.27. ¿Cómo se puede rastrear un cable mediante un generador de tonos?

4.28. Busca en el mercado un *tester* básico.

4.29. Busca en el mercado un comprobador que detecte PoE.

4.30. Busca en el mercado un cualificador.

4.31. Busca en el mercado un generador de tonos.

5. Comprobación y solución de incidencias a nivel de red

Contenido

Introducción

En la sección 3.2 se trató el proceso para gestionar las incidencias que se producen en la red. Este capítulo se centra en dos aspectos de dicho proceso:

- Aislar el problema.
- Aplicar acciones correctivas.

El aislamiento del problema implica la decantación por una causa concreta que lo provoca, actividad que implica dos cosas:

- **El administrador conoce las diferentes causas que provocan el problema:** en el Capítulo 2 se describieron diferentes incidencias que se podían dar a nivel de enlace y a nivel de red, analizando por un lado los síntomas que indican que se está produciendo un problema y, por otro, las causas más probables que provocan esos síntomas.

- **El administrador conoce las herramientas y procedimientos para comprobar si una cierta causa es la que provoca el problema:** en el apartado 5.1 se presentan diferentes utilidades, que, junto a los comandos de TCP/IP citados en la sección 1.1.2, ofrecen al administrador herramientas para discernir sobre el estado de la red y así decantarse por una u otra causa.

Además de conocer las herramientas, un administrador debe saber cuándo utilizar cada una y cómo utilizarla para la detección de un cierto problema. Por último, también debe saber qué hacer (acciones correctivas) para solucionar el problema. En el apartado 5.2 se abordan estas dos cuestiones:

- Cómo utilizar las herramientas para detectar un problema.
- Qué acciones correctivas llevar a cabo para resolver el problema.

5.1. Herramientas de comprobación

En esta sección se presentan varias herramientas que permiten comprobar el estado de la red. Posteriormente, todas estas herramientas se citarán en el apartado 5.2, donde se establece cuándo es apropiado utilizarlas.

5.1.1. Wireshark

Wireshark es un analizador de protocolos disponible tanto para Windows como para GNU/Linux, que permite capturar las tramas que envía o recibe una cierta interfaz de red. Una de las ventajas de Wireshark está en la forma en que se pueden consultar las tramas capturadas, pudiendo inspeccionar cada campo de los diferentes niveles de protocolo. Además, incorpora características muy útiles, como el filtrado de paquetes, para poder así centrar la búsqueda en cierto tipo de paquetes, o la elaboración de estadísticas a diferentes niveles de protocolo que ofrecen una perspectiva más amplia de lo que está sucediendo en la red.

La instalación de Wireshark depende del sistema operativo empleado. Las diferentes versiones pueden descargarse de la página oficial de Wireshark, http://www.wireshark.org. La instalación en Windows se lleva a cabo con un archivo de instalación .exe. Durante la instalación se solicita la instalación de la librería WinPcap, que permite a Wireshark los datos transmitidos a través de las interfaces de red. Es necesaria su instalación para que Wireshark funcione correctamente.

En las versiones más recientes también se da la opción de instalar la librería USBPcap, necesaria para capturar los datos transmitidos a través de los puertos USB.

La instalación en GNU/Linux puede[19] hacerse mediante repositorios, lo que se hace de diferente forma dependiendo del sistema operativo empleado. Si se está utilizando una distribución derivada de Debian, como Ubuntu o Linux Mint, la instalación se lleva a cabo del siguiente modo:

```
host $> sudo apt-get install wireshark
```

En caso de estar utilizando una distribución derivada de RedHat, como Centos o Fedora, la instalación se realiza a través de dos comandos. Mediante el primero se instala la herramienta de línea de comandos de Wireshark llamada TShark que realiza las tareas de captura del tráfico. El segundo comando instala la interfaz gráfica de Wireshark:

```
host #> yum install wireshark
host #> yum install wireshark-gnome
```

5.1.1.1. CAPTURAR EL TRÁFICO DE RED CON WIRESHARK

Al iniciar Wireshark se ofrece un listado con las diferentes interfaces de red disponibles. Para poder capturar el tráfico de red, en primer lugar hay que seleccionar la interfaz de interés. Después, hay que ir al menú *Capture* y hacer clic sobre la opción *Start*.

---

[19] También puede obtenerse compilando el código fuente proporcionado en la sección de descargas de http://www.wireshark.org, aunque se trata de un proceso que requiere conocimientos que van más allá de los establecidos en este libro. En caso de querer compilar Wireshark a partir del código fuente, se puede consultar la documentación que se suministra en la misma página.

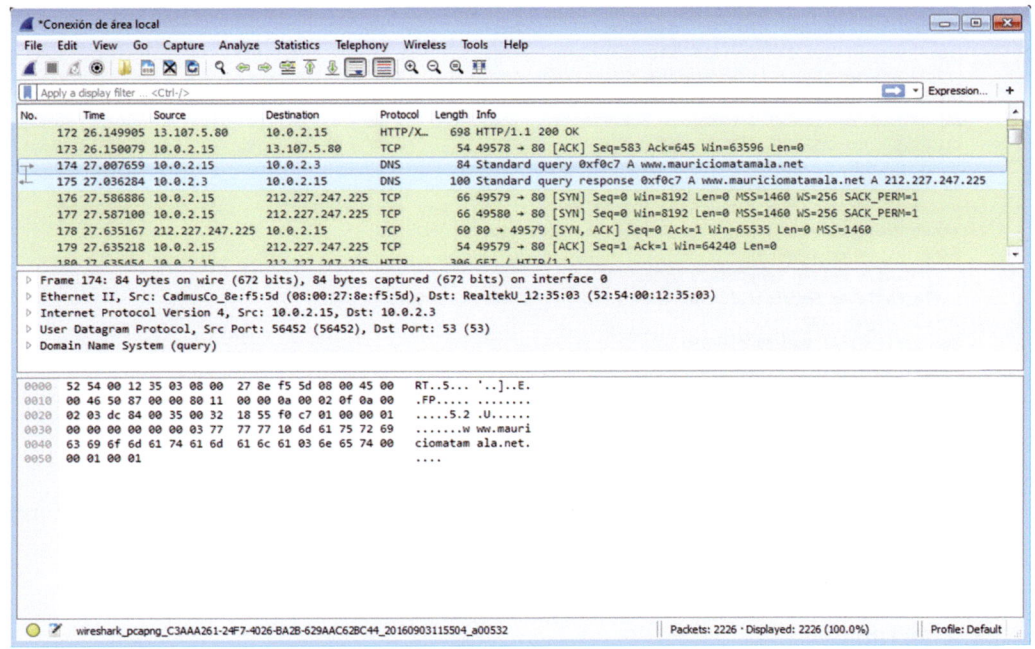

Figura 5.1. Captura de tráfico con Wireshark.

5.1.1.2. EXAMINAR LAS PDU EN UNA TRAMA

En la imagen de la Figura 5.1 se puede apreciar cómo el área de trabajo de Wireshark está dividida en tres secciones: la superior (lista de paquetes o *packet list*) muestra la lista de tramas capturadas; la sección del medio (detalles del paquete o *packet details*) muestra varios menús desplegables, que muestran de manera organizada el contenido de la cabecera de cada nivel de protocolo, y, por último, la inferior (*bytes* del paquete o *packet bytes*) muestra el contenido de la cabecera seleccionada en forma de *bytes*, tanto en hexadecimal como en texto plano.

La forma más cómoda de examinar la información que contiene una cabecera consiste en desplegar los menús de la sección de detalles del paquete. En la imagen de la Figura 5.2 se puede ver el valor del campo TTL del paquete IP correspondiente a la trama seleccionada en la lista de paquetes.

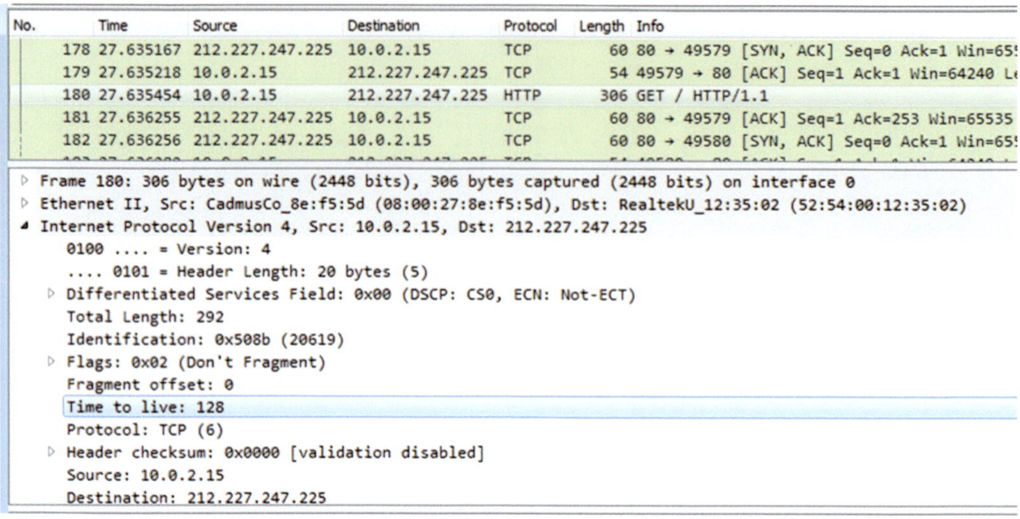

```
No.      Time        Source           Destination       Protocol  Length  Info
      178  27.635167  212.227.247.225  10.0.2.15         TCP         60     80 → 49579 [SYN, ACK] Seq=0 Ack=1 Win=65!
      179  27.635218  10.0.2.15        212.227.247.225   TCP         54     49579 → 80 [ACK] Seq=1 Ack=1 Win=64240 L(
      180  27.635454  10.0.2.15        212.227.247.225   HTTP       306     GET / HTTP/1.1
      181  27.636255  212.227.247.225  10.0.2.15         TCP         60     80 → 49579 [ACK] Seq=1 Ack=253 Win=65535
      182  27.636256  212.227.247.225  10.0.2.15         TCP         60     80 → 49580 [SYN, ACK] Seq=0 Ack=1 Win=65!

▷ Frame 180: 306 bytes on wire (2448 bits), 306 bytes captured (2448 bits) on interface 0
▷ Ethernet II, Src: CadmusCo_8e:f5:5d (08:00:27:8e:f5:5d), Dst: RealtekU_12:35:02 (52:54:00:12:35:02)
▲ Internet Protocol Version 4, Src: 10.0.2.15, Dst: 212.227.247.225
     0100 .... = Version: 4
     .... 0101 = Header Length: 20 bytes (5)
   ▷ Differentiated Services Field: 0x00 (DSCP: CS0, ECN: Not-ECT)
     Total Length: 292
     Identification: 0x508b (20619)
   ▷ Flags: 0x02 (Don't Fragment)
     Fragment offset: 0
     Time to live: 128
     Protocol: TCP (6)
   ▷ Header checksum: 0x0000 [validation disabled]
     Source: 10.0.2.15
     Destination: 212.227.247.225
```

Figura 5.2. Consulta del campo TTL de un paquete IP.

5.1.1.3. FILTROS

Otra de las características que hacen de Wireshark una herramienta imprescindible son los filtros. En la parte superior de la pantalla de Wireshark hay un campo de texto con la sugerencia *Apply a display filter... <Ctrl-/>*. En este campo de texto se pueden introducir filtros para examinar solamente aquellas entradas de la lista de tramas que cumplan una condición. La sintaxis de los filtros puede llegar a ser compleja, y su examen a fondo excede los propósitos de este libro. A continuación, se citan algunos filtros a modo de ejemplo.

- **Filtro:** *http.*

  Este filtro únicamente muestra las tramas que contengan en su interior un paquete de tipo HTTP a nivel de aplicación.

- **Filtro:** *arp.*

  Este filtro muestra solamente aquellas tramas que contengan un paquete de tipo ARP a nivel de red.

- **Filtro:** *ip.dst == 192.168.1.10.*

  En este filtro se utiliza una comparación. En concreto se está comparando el campo *dst* (destino) del paquete IP con la dirección IP 192.168.1.10. Cuando coinciden, la trama correspondiente se muestra en la lista.

- **Filtro:** *ip.dst eq 192.168.1.10.*

  Filtro equivalente al anterior, donde se sustituye == por *eq*.

Resulta habitual que sea necesario filtrar utilizando como criterio un campo de una cierta cabecera, cuyo filtro se desconoce. Para estos casos, Wireshark ofrece una ayuda muy interesante. En la barra de estado (inferior) se muestra el identificador de un campo seleccionado. En la imagen de la Figura 5.3 se puede apreciar el código correspondiente al campo *Don't fragment* de una cabecera IP. Una vez se conoce el identificador del campo, se puede construir el filtro correspondiente. Por ejemplo: *ip.flags.df == 1.*

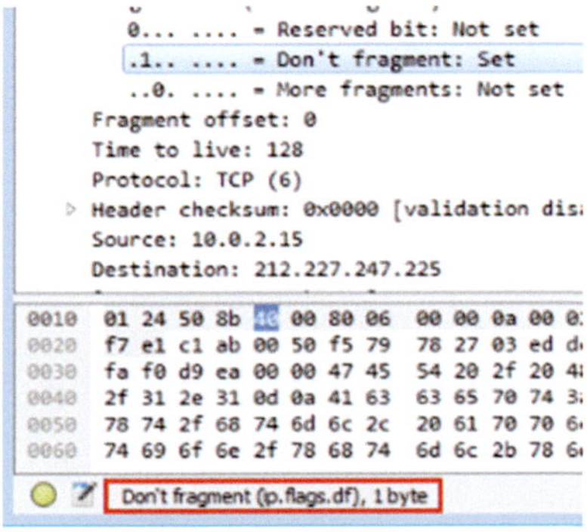

Figura 5.3. Identificador del campo *Don't fragment* para ser usado en un filtro.

5.1.1.4. VISUALIZAR CAMPOS CONCRETOS EN LISTA DE PAQUETES

Wireshark cuenta con una característica que permite mostrar en la sección de la lista de paquetes cualquier campo de la cabecera de una trama (y de las cabeceras de las PDU que transporta) como una columna más. De este modo, se puede visualizar en tiempo real el campo de interés, facilitando la interpretación del administrador. Por ejemplo, las direcciones MAC origen y destino no aparecen en la lista de paquetes. Sin embargo, puede ser información de interés en muchas situaciones, como por ejemplo, cuando se está produciendo una tormenta *broadcast* debida a un bucle entre *switches*.

Para añadir un campo como columna a la lista de paquetes, se debe seguir el siguiente procedimiento:

1. En la ventana de detalles del paquete, localizar el campo de interés.

2. Hacer clic con el botón derecho sobre el campo, de forma que se abra un menú contextual. En dicho menú, elegir la opción *Apply as a column.*

5.1.1.5. ESTADÍSTICAS

Las estadísticas son otra de las características interesantes de Wireshark. Estas se pueden encontrar en el menú *Statistics*. Existe una amplia variedad de estadísticas que permiten analizar el tráfico desde muchos puntos de vista. Por ejemplo, en la opción

Statistics → IPv4 Statistics → Source and destination addresses muestra una estadística con las direcciones IP que aparecen en el tráfico de red, organizados según si son origen o destino, y con qué frecuencia aparecen. En la opción *Statistics → Conversations* se puede ver las conversaciones entre *hosts* a distintos niveles: enlace, red, transporte, etc.

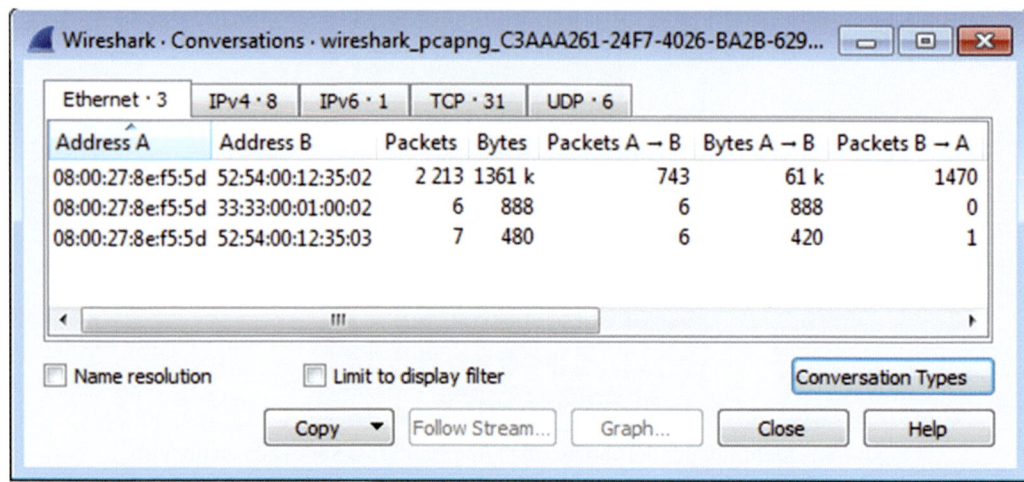

Figura 5.4. Estadística de conversaciones a nivel de enlace.

5.1.2. *Port mirroring*

Port mirroring es una característica que implementan muchos *switches* para copiar todo el tráfico que pasa por un puerto a otro puerto. Los *switches* realizan reenvío selectivo para que cada trama se dirija únicamente por el puerto más cercano al destino, mejorando el rendimiento de la red. El problema que tiene el reenvío selectivo es que la captura del tráfico que pasa por un puerto solamente incluye los paquetes dirigidos al *host* conectado a dicho puerto. Pero en muchas ocasiones, un administrador de redes necesita capturar paquetes que van dirigidos a otros equipos diferentes. De este modo, es posible examinar el tráfico de red que pasa por un puerto importante de un *switch*. De esta forma, se puede hacer una captura del tráfico utilizando un analizador de protocolos como Wireshark.

Dependiendo del *switch,* la forma de configurar *port mirroring* varía. Por ejemplo, en un *switch* gestionable de marca Cisco, se configura del siguiente modo:

```
Switch> enable
Switch# configure terminal
Switch(config)#
Switch(config)# monitor session 1 source interface fastethernet 0/2
Switch(config)# monitor session 1 destination interface fastethernet 0/3
Switch(config)# end
```

De este modo, se está indicando que se copie el tráfico que pasa por la interfaz *fastethernet 0/2* en la interfaz *fastethernet 0/3*. En este ejemplo se utiliza la consola de comandos, pero en otros casos, dependiendo del *switch,* la configuración se realiza mediante una consola de administración web, o bien mediante una consola basada en menús, por lo que debe consultarse la documentación del *switch* en cuestión.

5.1.3. bwm-ng

Se trata de una herramienta ejecutable desde la consola de comandos que permite examinar el ancho de banda consumido a través de las diferentes interfaces de red en tiempo real. Está disponible únicamente para GNU/Linux. Cuenta con varios métodos de instalación, aunque si estamos utilizando una distribución basada en Debian, o bien una distribución basada en RedHat, la forma más cómoda es el uso de repositorios. Si utilizamos una distribución como Ubuntu o Linux Mint (ambas derivadas de Debian), la instalación será del siguiente modo:

```
host $> sudo apt-get install bwm-ng
```

Si estamos utilizando Fedora o CentOS, ambas derivadas de RedHat, la instalación se lleva a cabo como sigue:

```
host #> yum install bwm-ng
```

Cuenta con muchas opciones, y las más importantes son:

- *-I* para monitorizar una interfaz de red concreta.

- *-o* para elegir el formato de salida.

- *h* muestra las opciones disponibles que se pueden usar con el comando *bwm-ng*.

Por ejemplo, al ejecutar el comando *bwm-ng -I eth0* muestra en pantalla la tasa de transferencia instantánea para la interfaz *eth0*.

```
host $> bwm-ng -I eth0
bwm-ng v0.6 (probing every 0.500s), press 'h' for help
input: /proc/net/dev type: rate
-     iface              Rx             Tx             Total
============================================================
      eth0:      337.94 KB/s     9.91 KB/s     347.86 KB/s
------------------------------------------------------------
      total:     337.94 KB/s     9.91 KB/s     347.86 KB/s
```

De esta forma, se puede comprobar rápidamente la tasa de transferencia en un cierto servidor que está siendo monitorizado.

5.1.4. Microsoft Network Monitor

Se trata de una aplicación que se puede descargar gratuitamente desde la página de Microsoft. Su función es similar a la de Wireshark. Su instalación se lleva a cabo mediante un programa de instalación .exe. Como característica extra, muestra los procesos en ejecución que generan el tráfico. Además, simplemente seleccionando la aplicación de interés, se muestra todo el tráfico que genera. De este modo, es posible saber si cierta aplicación está generando un tráfico poco habitual. En la imagen de la Figura 5.5 se muestra el tráfico generado por la aplicación Internet Explorer. Cada trama enviada se puede examinar a fondo, consultando los parámetros de la PDU de cualquier nivel.

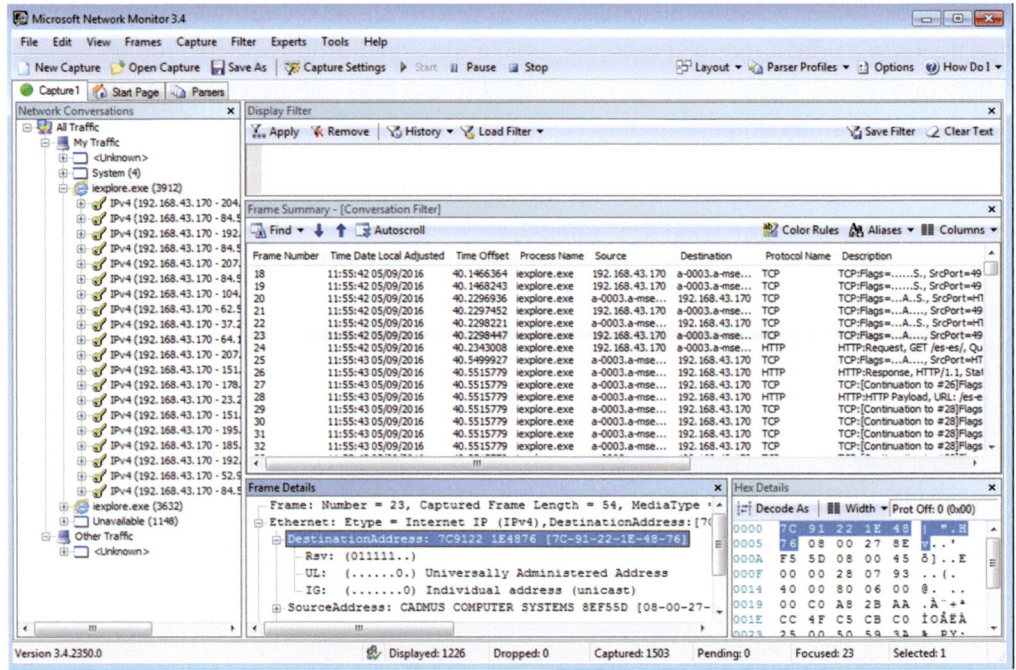

Figura 5.5. Microsoft Network Monitor monitorizando la actividad de Internet Explorer.

5.1.5. Nmap

Nmap es una aplicación de rastreo de puertos. Inicialmente Nmap estaba disponible únicamente en GNU/Linux, pero en la actualidad lo está también para otros sistemas operativos, como Windows. Se trata de una herramienta con muchísimas opciones y que puede ofrecer una forma rápida de realizar una gama de comprobaciones interesantes. Mediante Nmap es posible conocer cosas como las siguientes:

- Lista de equipos conectados a la red.

- Servicios que ejecuta un servidor.

- Nombre y versión de un servidor en ejecución.

- Sistema operativo que ejecuta un cierto *host*.

Su instalación en GNU/Linux depende de la distribución. En distribuciones derivadas de Debian como Ubuntu o Linux Mint, la instalación sería como sigue:

```
host $> sudo apt-get install nmap
```

En distribuciones derivadas de RedHat, la instalación se realiza del siguiente modo:

```
host #> yum install nmap
```

Para instalar Nmap en Windows, es preciso descargar el instalador desde la página oficial de Nmap, http://nmap.org/download.html. A diferencia de GNU/Linux, en Windows Nmap se ejecuta a través de una interfaz gráfica llamada Zenmap. A continuación se muestran algunos ejemplos de uso de Nmap.

5.1.5.1. ESCANEO DE PUERTOS

Mediante un escaneo de puertos realizamos un análisis de los puertos abiertos (servicios en ejecución) en un *host*. De esta forma, podemos saber qué servicios están ejecutándose en dicho *host*. Esto es interesante cuando, por ejemplo, deseamos verificar que un cierto servicio no está caído en un servidor. En el siguiente ejemplo se realiza un escaneo de puertos del *host* con dirección IP 192.168.1.133.

```
host $> nmap 192.168.1.133
Starting Nmap 7.01 ( https://nmap.org ) at 2016-09-06 18:36 CEST
Nmap scan report for 192.168.1.133
Host is up (0.12s latency).
Not shown: 994 closed ports
PORT    STATE SERVICE
22/tcp  open  ssh
80/tcp  open  http
139/tcp open  netbios-ssn
443/tcp open  https
445/tcp open  microsoft-ds
902/tcp open  iss-realsecure

Nmap done: 1 IP address (1 host up) scanned in 32.00 seconds
```

En el ejemplo anterior, el *host* ejecuta un servidor SSH, un servidor HTTP y un servidor HTTPS. Los puertos 139 (Servicio de sesiones NetBIOS) y 445 (SMB) indican que hay un servidor de archivos también. Por último, el puerto 902 puede indicar varias cosas, como que hay instalado un servidor de virtualización VMWare, o un servidor ISS RealSecure Server Sensor de monitorización de la red.

En este caso, se ha utilizado el tipo de escaneo por defecto, aunque existen diferentes técnicas, descritas en https://nmap.org/book/man-port-scanning-techniques.html.

5.1.5.2. CONSULTA DE LA VERSIÓN DEL SISTEMA OPERATIVO

Mediante Nmap se puede consultar la versión del sistema operativo ejecutado en un *host* remoto. Esta comprobación puede ser útil, por ejemplo, cuando se está indagando sobre un *host* desconocido que aparece en la captura del tráfico de red realizada mediante un analizador de protocolos como Wireshark o Microsoft Network Monitor. En el siguiente ejemplo se comprueba la versión del sistema operativo ejecutado en un *host* con dirección IP 192.168.1.133.

```
host #> nmap -O 192.168.1.133
Starting Nmap 7.01 ( https://nmap.org ) at 2016-09-06 19:10 CEST
Nmap scan report for 192.168.1.133
Host is up (0.0058s latency).
Not shown: 994 closed ports
PORT    STATE SERVICE
22/tcp  open  ssh
[... SALIDA ACORTADA ...]
MAC Address: 1C:4B:D6:F3:F2:45 (AzureWave Technology)
Device type: general purpose
Running: Linux 3.X|4.X
OS CPE: cpe:/o:linux:linux_kernel:3 cpe:/o:linux:linux_kernel:4
OS details: Linux 3.2 - 4.0
Network Distance: 1 hop
OS detection performed. Please report any incorrect results at
https://nmap.org/submit/ .
Nmap done: 1 IP address (1 host up) scanned in 5.85 seconds
```

Como se puede observar, el sistema chequeado ejecuta una distribución GNU/Linux.

5.1.5.3. ESCANEO DE PUERTOS CONCRETOS

El escaneo de todos los puertos disponibles puede ser lento, y a veces el adminis-trador está interesando únicamente en comprobar ciertos puertos. En el siguien-te ejemplo se comprueba si el *host* 192.168.1.1 está ejecutando los servicios FTP (puerto TCP 21), SSH (puerto TCP 22), Telnet (puerto TCP 23), SMTP (puerto TCP 25), HTTP (puerto TCP 80), HTTPS (puerto TCP 443) y el puerto TCP 902. Los puertos TCP se especifican para agilizar el sondeo, ya que reduce el número de puertos a consultar.

```
host $> nmap -p T:21-25,80,443,902 192.168.1.133
```

Este comando solamente mostrará el estado de un puerto, similar al resultado obtenido en la sección 5.1.5.1. Si se desea además conocer la versión de un cierto servicio, se debe utilizar la opción *-sV* (*service Version*). Esta opción es interesante cuando deseamos obte-ner más información sobre un servicio desconocido, o bien si se desea saber si la versión encaja con alguna vulnerabilidad. En el siguiente ejemplo se puede observar el resultado:

```
host $> nmap -sV -p T:21-25,80,443,902 192.168.1.133
Nmap scan report for 192.168.1.133
Host is up (0.0068s latency).
PORT     STATE    SERVICE     VERSION
21/tcp   closed   ftp
22/tcp   open     ssh         OpenSSH 6.6.1p1 Ubuntu 2ubuntu2.7 (Ubuntu Linux;
protocol 2.0)
23/tcp   closed   telnet
24/tcp   closed   priv-mail
25/tcp   closed   smtp
80/tcp   open     http        Apache httpd 2.4.20 ((Ubuntu))
443/tcp  open     ssl/http    VMware VirtualCenter Web service
902/tcp  open     ssl/vmware-auth VMware Authentication Daemon 1.10 (Uses
VNC, SOAP)

Service Info: OS: Linux; CPE: cpe:/o:linux:linux_kernel

Service detection performed. Please report any incorrect results at
https://nmap.org/submit/ .
Nmap done: 1 IP address (1 host up) scanned in 13.14 seconds
```

Como se puede observar, los puertos que están abiertos ahora aparecen acompaña-dos de la versión del servidor que hay detrás de ellos. Por ejemplo, el puerto TCP 902 podría significar varias cosas. Con este tipo de escaneo queda claro que se trata de un servicio relacionado con VMWare.

5.1.5.4. ESCANEO DE LA RED

Nmap también puede obtener información sobre los *hosts* que hay en una red. Esto puede ayudar a comprobar si hay *hosts* inesperados en nuestra red.

```
host $> nmap -sP 192.168.1.0/24
Starting Nmap 6.40 ( http://nmap.org ) at 2016-09-06 20:28 CEST
Nmap scan report for 192.168.1.1
Host is up (0.0019s latency).
Nmap scan report for 192.168.1.10
Host is up (0.0023s latency).
[... SALIDA ACORTADA ...]
Nmap scan report for 192.168.1.133
Host is up (0.000082s latency).
Nmap done: 256 IP addresses (15 hosts up) scanned in 7.12 seconds
```

En el ejemplo anterior se comprueba cuáles son los *hosts* conectados a la red 192.168.1.0/24. En este caso, aparecen 15 *hosts*.

Nmap posee muchas más opciones, y esta es solo una pequeña muestra de los sondeos más habituales. Para saber más sobre esta herramienta, se puede consultar en la documentación de la página oficial: https://nmap.org.

5.1.6. Telnet

El comando *telnet* es una herramienta para mantener sesiones de terminal remota con otro *host* mediante el protocolo TELNET. Su uso original era únicamente la administración remota, aunque su uso en este sentido ha disminuido, debido a la inseguridad inherente del protocolo TELNET, en favor de protocolos como SSH. Sin embargo, se puede utilizar el comando *telnet* para realizar pruebas sobre otros servicios diferentes a TELNET. A continuación, se detallan algunos usos del comando *telnet*.

5.1.6.1. COMPROBAR SI UN PUERTO ESTÁ ABIERTO

Esta comprobación es similar a la mostrada en la sección 5.1.5.3 con el comando *nmap*.

```
host $> telnet 192.168.1.1 80
Trying 192.168.1.1...
Connected to 192.168.1.1.
```

```
Escape character is '^]'.
^[
HTTP/1.1 400 Bad Request
Date: Tue, 06 Sep 2016 18:35:09 GMT
Server: Apache/2.4.20 (Ubuntu)
Content-Length: 301
Connection: close
Content-Type: text/html; charset=iso-8859-1
[... SALIDA ACORTADA ...]
Connection closed by foreign host.
```

Tras ejecutar el comando, Telnet se conecta al puerto TCP 80 (HTTP), pero el servidor espera el envío de una solicitud. En el momento en que se muestra la cadena *Connected to 192.168.1.1,* sabemos que el puerto está activo. Para cerrar la conexión, basta con pulsar la tecla de escape e *Intro.* Lo que viene a continuación es una página del servidor web indicando que la solicitud que se le ha realizado no se ajusta a lo esperado.

5.1.6.2. MANTENER UNA CONVERSACIÓN CON UN SERVICIO

El comando *telnet* se puede utilizar para intercambiar datos con un servidor del mismo modo que lo haría un programa cliente. Por ejemplo, el administrador puede querer realizar pruebas de envío de correo sobre un servidor de correo SMTP en un lugar y un momento en que no cuenta con un cliente de correo, o bien el cliente de correo no está funcionando correctamente. El protocolo SMTP permite la transmisión de mensajes de correo electrónico desde un cliente a un servidor de correo y entre servidores de correo. A continuación se describe el procedimiento para llevar a cabo esta comprobación sobre el servidor de correo mx1.seder.net (en negrita se especifican las entradas del usuario):

```
host $> telnet mx1.seder.net smtp
Trying 192.0.2.2...
Connected to mx1.seder.net.
Escape character is '^]'.
220 mx1.seder.net ESMTP server ready Tue, 20 Jan 2004 22:33:36 +0200
HELO seder.net
250 mx1.seder.net
MAIL from: <jperez@seder.net>
250 Sender <jperez@seder.net> Ok
RCPT to: <jperez@seder.net>
250 Recipient <jperez@seder.net> Ok
```

```
DATA
354 Ok Send data ending with <CRLF>.<CRLF>
```

From: jperez@seder.net

To: jperez@seder.net

Subject: mensaje de prueba

Este es un mensaje de prueba.

```
.
250 Message received: 20040120203404.CCCC18555.mx1.seder.net@jperez.seder.net
```

QUIT

```
server: 221 mx1.seder.net ESMTP server closing connection
```

En el ejemplo anterior se especifica el nombre del puerto (*smtp*) en lugar de su número. Se pueden utilizar las dos opciones. Por ejemplo, el comando siguiente es equivalente al anterior:

host $> **telnet 192.168.1.1 25**

También es habitual usar el comando *telnet* para comprobar un servicio de correo entrante, como POP3 o IMAP. En el siguiente ejemplo se muestra la forma que probar el servicio POP3. El protocolo POP3 permite descargar desde el servidor de correo los mensajes almacenados. El procedimiento para llevar a cabo esta comprobación sobre el servidor de correo mx1.seder.net es el siguiente (en negrita se especifican las entradas del usuario):

host $> **telnet 192.168.1.1 pop3**

Se utiliza para realizar pruebas de recepción de correo sobre un servidor de correo POP3.

```
host $> telnet pop.seder.net 110
Trying 0.0.0.0...
Connected to 0.
Escape character is '^]'.
+OK Hello there.
```
user jperez@seder.net
```
+OK Password required.
```
pass $Perro20!
```
+OK logged in.
```
stat
```
+OK 47 13458471
```
quit

5.1.7. NetStumbler

NetStumber es una de muchas aplicaciones para la detección de redes inalámbricas disponibles únicamente para Windows. Su instalación se lleva a cabo mediante un programa de instalación .exe. Lo que hace esta aplicación es elaborar una lista con las redes inalámbricas presentes en una zona, dando información adicional como su ESSID, su dirección física (MAC) o el canal en que emite cada uno. Se puede utilizar para tareas diferentes como las siguientes:

- Crear un listado con todas las redes inalámbricas disponibles en una zona.

- Comprobar que nuestra red está bien configurada.

- Comprobar la cobertura de los diferentes puntos de acceso de nuestra red.

- Detectar otras redes que provocan interferencias entre sí.

- Detectar puntos de acceso no autorizados.

La imagen de la Figura 5.6 muestra la herramienta NetStumbler.

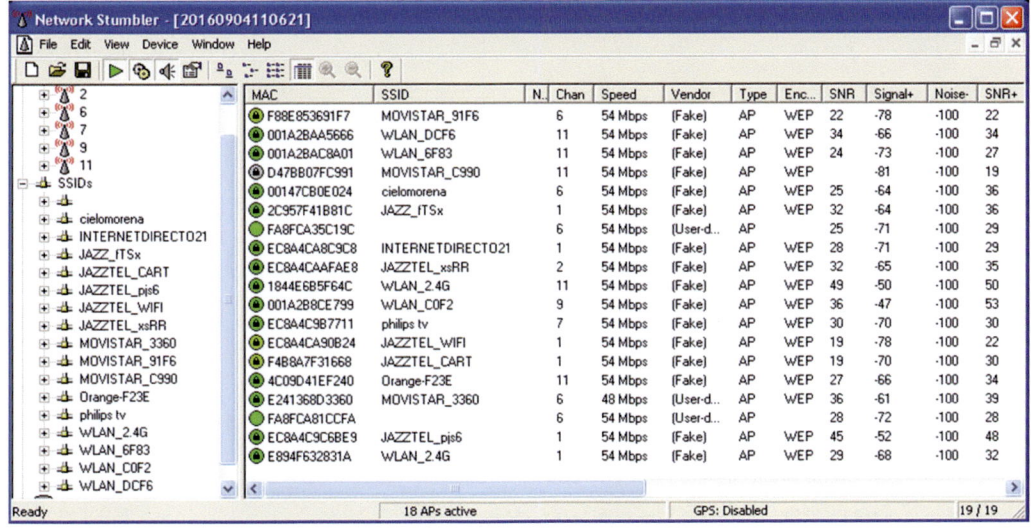

Figura 5.6. NetStumbler muestra todas las redes disponibles en la zona, así como otros parámetros.

5.1.8. iwlist

iwlist es una herramienta para mostrar información de una interfaz de red inalámbrica no facilitada por el comando *iwconfig* (equivalente a *ifconfig* para interfaces inalámbricas). Solamente está disponible en GNU/Linux, y no es necesario instalarla, ya que suele estar disponible tras una instalación fresca del sistema operativo. Uno de sus usos más habituales es el escaneo de las redes inalámbricas disponibles en una zona:

```
host $> iwlist wlan0 scan
wlan0     Scan completed :

Cell 01 - Address: AA:BB:CC:DD:EE:FF
                   Channel:6
                   Frequency:2.437 GHz (Channel 6)
                   Quality=70/70  Signal level=-39 dBm
                   Encryption key:on
                   ESSID:"AndroidAP"

[... SALIDA ACORTADA…]

        Cell 02 - Address: 50:60:70:BB:CC:DD
                   Channel:1
                   Frequency:2.412 GHz (Channel 1)
                   Quality=45/70  Signal level=-65 dBm
                   Encryption key:on
                   ESSID:"Orange-10BN"

[...SALIDA ACORTADA…]

        Cell 03 - Address: 11:22:33:44:55:FF
                   Channel:1
                   Frequency:2.412 GHz (Channel 1)
                   Quality=28/70  Signal level=-82 dBm
                   Encryption key:on
                   ESSID:"LinuxAP"

[...SALIDA ACORTADA…]

        Cell 04 - Address: A4:B4:C4:D5:E5:F5
                   Channel:11
                   Frequency:2.462 GHz (Channel 11)
                   Quality=24/70  Signal level=-86 dBm
                   Encryption key:on
                   ESSID:"pepephone _ ADSLASOO"

[...SALIDA ACORTADA…]
```

En la captura anterior se puede apreciar que existen cuatro puntos de acceso emitiendo en la zona, tres de ellos utilizando el mismo canal. Se puede ver el nombre de cada red, la calidad de señal, el tipo de cifrado (no mostrado, ya que aparece en la salida acortada), etcétera.

5.1.9. Keepass 2

Keepass 2 es una aplicación multiplataforma para la gestión de contraseñas. Un administrador de redes requiere el manejo de muchas contraseñas, y eso puede llevarle a utilizar la misma para diferentes cosas, o bien utilizar contraseñas débiles fáciles de recordar. Con este programa se pueden mantener las contraseñas en una base de datos cifrada, que solo se puede abrir utilizando una contraseña maestra. De este modo, se pueden utilizar contraseñas complejas y diferentes para cada cosa. Keepass 2 también incluye un generador de contraseñas seguras. Siempre que se pongan medidas para que el archivo no se pierda ni se deteriore, es una gran ayuda.

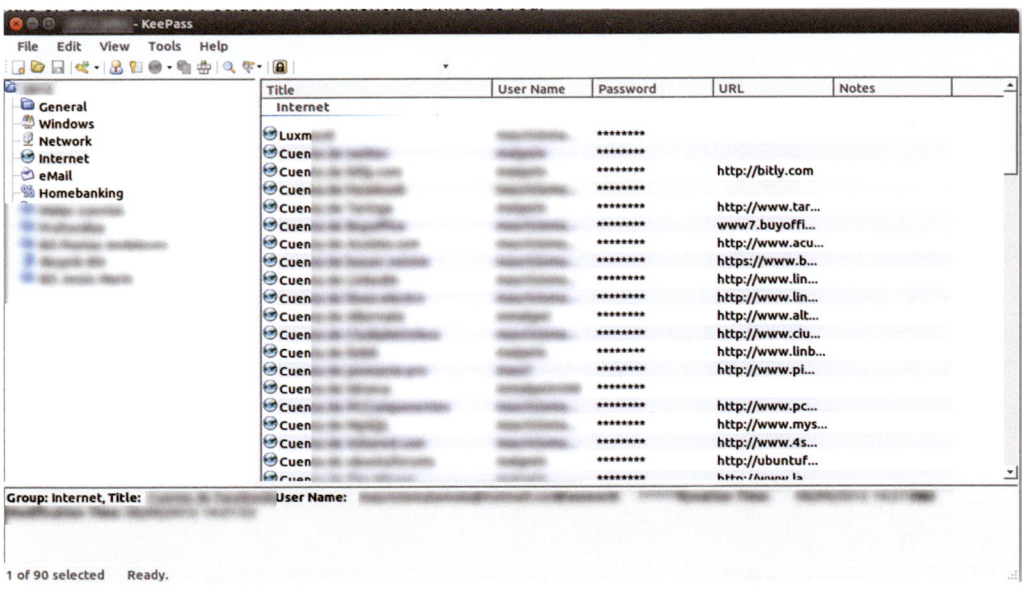

Figura 5.7. Keepass 2 visualizando el contenido de una base de datos de contraseñas.

5.1.10. Arpwatch

Arpwatch es una herramienta disponible en GNU/Linux que permite monitorizar el tráfico ARP y detectar cambios sospechosos. Su instalación depende de la distribución que estemos utilizando. Si la distribución que se está usando es una derivada de Debian (como Ubuntu o Linux Mint), la instalación se lleva a cabo del siguiente modo:

```
host $> sudo apt-get install arpwatch
```

Si se trata de una distribución derivada de RedHat, como Fedora o CentOS, la instalación es del siguiente modo:

```
host #> yum install arpwatch
```

Genera un registro de entradas nuevas en la tabla ARP detallando el instante en que se crearon. De este modo, es fácil detectar cambios extraños en el mapeo de direcciones MAC y de direcciones IP de la tabla ARP. A continuación se muestra el resultado de ejecutar el comando *arpwatch*:

```
host #> arpwatch -d -i eth0

From: arpwatch (Arpwatch nostromo)
To: root
Subject: new station (192.168.43.1) eth0
            hostname: <unknown>
          ip address: 192.168.43.1
           interface: eth0
    ethernet address: 7c:91:22:1e:48:76
     ethernet vendor: <unknown>
            timestamp: Saturday, September 3, 2016 20:25:12 +0200

From: arpwatch (Arpwatch nostromo)
To: root
Subject: new station (nostromo) eth0
            hostname: nostromo
          ip address: 192.168.43.209
           interface: eth0
    ethernet address: 5c:e0:c5:25:77:26
     ethernet vendor: <unknown>
            timestamp: Saturday, September 3, 2016 20:25:12 +0200

[... SALIDA ACORTADA …]
```

De este modo, se pone en escucha la interfaz *eth0*. El parámetro *-d* mantiene el programa en primer plano. Si no se utiliza esta opción, las entradas se escriben al registro de *log* en el archivo */var/log/syslog* en sistemas derivados de Debian y */var/log/messages* en sistemas derivados de RedHat.

La utilidad de *arpwatch* es poder ver en qué momento se anunció un cierto *host* en la red, y también si se producen cambios sospechosos. Por ejemplo, si estamos ejecutando *arpwatch* en primer plano, podremos ver un cambio del siguiente modo:

```
host #> arpwatch -d -i eth0
From: arpwatch (Arpwatch nostromo)
To: root
Subject: new station (192.168.1.141) eth0
           hostname: <unknown>
         ip address: 192.168.1.143
          interface: eth0
   ethernet address: 1c:4b:d6:d8:de:44
    ethernet vendor: AzureWave
          timestamp: Thursday, September 8, 2016 11:35:32 +0200

[... SALIDA ACORTADA...]

From: arpwatch (Arpwatch nostromo)
To: root
Subject: changed ethernet address
             hostname: <unknown>
           ip address: 192.168.1.141
            interface: eth0
     ethernet address: 1c:4b:d6:f8:fe:20
      ethernet vendor: AzureWave
 old ethernet address: 1c:4b:d6:d8:de:44
  old ethernet vendor: AzureWave
            timestamp: Thursday, September 8, 2016 12:11:43 +0200
   previous timestamp: Thursday, September 8, 2016 11:35:32 +0200
                delta: 36 minutes
```

Como se puede apreciar, la dirección física del *host* con dirección IP 192.168.1.141 ha cambiado, pasando de ser 1c:4b:d6:d8:de:44 a 1c:4b:d6:f8:fe:20. Este cambio puede significar que un *host* con dirección física 1c:4b:d6:f8:fe:20 se está intentando hacer pasar por otro cuya dirección física es 1c:4b:d6:d8:de:44.

Si se está ejecutando el comando en segundo plano, los eventos son registrados en el archivo */var/log/syslog* si se está usando una distribución derivada de Debian, o bien */var/log/messages* si se está usando una distribución derivada de RedHat, como se ha comentado anteriormente. Para poder analizar cómodamente los mensajes de *arpwatch* en el archivo *var/log/syslog* o */var/log/messages* podemos ejecutar el siguiente comando:

```
host $> cat /var/log/syslog | grep "arpwatch: new\|arpwatch: changed"
Sep  8 11:24:40 nostromo arpwatch: new station 192.168.1.1
ec:8a:4c:aa:e6:a0 eth0
Sep  8 11:24:40 nostromo arpwatch: new station 192.168.1.139
5c:e0:c5:25:77:26 eth0
Sep  8 11:35:32 nostromo arpwatch: new station 192.168.1.143
1c:4b:d6:d8:de:44 eth0
[... SALIDA ACORTADA ...]
Sep  8 12:11:43 nostromo arpwatch: changed ethernet address 192.168.1.141
1c:4b:d6:f8:fe:20 (1c:4b:d6:d8:de:44) eth0
```

Se puede apreciar en la última línea el cambio registrado.

5.1.11. Nagios

Nagios es un *software* utilizado para la monitorización de de red y servidores. Se trata de un proyecto *open source* muy activo y disponible para GNU/Linux. Nagios cuenta con varias versiones:

- **Nagios Core:** se trata de un proyecto libre y gratuito que permite realizar las tareas de monitorización más habituales, como por ejemplo:
  — Monitorización de servidores.
  — Monitorización de elementos de la red.
  — Monitorización de aplicaciones concretas.
  — Métricas de sistemas.
  — Desarrollo personalizado de *plugins*, basados en diferentes lenguajes, como Bash, C++, Perl, Ruby, etcétera.
  — Envío de correos electrónicos y SMS al administrador con notificaciones.
- **Nagios XI:** en general, Nagios XI es la versión comercial de Nagios. Añade principalmente elementos a nivel de interfaz gráfica, que mejoran la experiencia del usuario, como gráficas.
- **Nagios Network Analyzer:** se trata de una versión lanzada en 2013 orientada al análisis de patrones de red y detectar actividad sospechosa en el tráfico.

- **Nagios Fusion:** versión de Nagios lanzada en 2010 como panel central de monitorización.

En esta sección se va a realizar una instalación y configuración de Nagios básica. Al ser un producto de proyección empresarial, cuenta con muchas más opciones que las aquí mostradas, por lo que lo explicado en las siguientes subsecciones debe entenderse únicamente como una introducción a Nagios. El escenario en el que se plantea el uso de Nagios es el siguiente:

- **PC del administrador:** es el PC donde el administrador de la red se sienta, y desde donde abre la consola de administración web de Nagios.

- **Servidor Nagios:** es un servidor GNU/Linux donde se ejecuta el servidor Nagios. Tiene la dirección IP 192.168.1.146.

- **Servidor SSH:** es un servidor GNU/Linux que ejecuta el servicio SSH. Tiene como dirección IP 192.168.1.200.

La idea detrás de Nagios es que existe un servidor que ejecuta el servicio Nagios, que realiza pruebas de manera continua siguiendo un esquema programado. Por ejemplo, se puede configurar para que haga un *ping* a un cierto *host* cada veinte segundos para comprobar que hay respuesta. O bien se puede configurar para que compruebe que el servicio SSH está activo en un cierto servidor cada minuto. La gama de pruebas que se puede hacer con Nagios es casi ilimitada gracias a la gran cantidad de *plugins* existentes.

5.1.11.1. INSTALACIÓN DE NAGIOS

En este libro se va a exponer la instalación en una distribución derivada de Debian. Para llevar a cabo la instalación, en primer lugar se deben satisfacer ciertas dependencias, es decir, programas que Nagios requiere para funcionar:

```
host $> sudo apt-get install build-essential libgd2-xpm-dev apache2-
utils unzip apache2 php libapache2-mod-php
```

Además de instalar estos paquetes, también es necesario crear el usuario y el grupo de usuarios que utilizará el servidor Nagios. Aunque pueda parecer extraño, Nagios requiere de un usuario para poder hacer cambios sobre ciertos archivos controlados por otros servicios, como el servidor web a través del que Nagios mostrará gráficamente su información. Los comandos que se van a ejecutar son los siguientes:

1. Crear el usuario *nagios*:

```
host $> sudo useradd -m nagios
```

2. Asignar una contraseña al usuario *nagios*:

```
host $> sudo passwd nagios
```

3. Crear un nuevo grupo de usuarios, llamado *nagcmd*, para el usuario *nagios*:

```
host $> sudo groupadd nagcmd
```

4. Agregar al usuario *nagios* al grupo *nagcmd*:

```
host $> sudo usermod -a -G nagcmd nagios
```

5. Añadir el grupo de *nagios*, llamado *nagcmd*, al grupo utilizado por el servidor web, llamado *www-data*.

```
host $> sudo usermod -a -G nagcmd www-data
```

A continuación, hay que descargar el paquete de instalación de Nagios. La descarga de Nagios se puede hacer directamente desde la página oficial, o bien ejecutando el siguiente comando:

```
host $> wget https://assets.nagios.com/downloads/nagioscore/releases/nagios-4.5.1.tar.gz
```

El archivo *nagios-4.5.2.tar.gz* se encuentra en el mismo directorio en el que se llevó a cabo la ejecución del comando anterior. Se trata de un archivo comprimido, por lo que en primer lugar hay que descomprimirlo:

```
host $> tar -zxvf nagios-4.5.2.tar.gz
```

Tras ejecutar el comando anterior, se crea directorio llamado *nagios-4.5.2*. El siguiente paso es entrar dentro del directorio:

```
host $> cd nagios-4.5.2
```

Finalmente, para instalar Nagios se deben llevar a cabo los siguientes pasos:

1. Comprobar que todos los requisitos para instalar Nagios están cubiertos:

```
host $> sudo ./configure --with-command-group=nagcmd
```

2. Compilar Nagios:

```
host $> sudo make all
```

3. Instalar Nagios:

```
host $> sudo make install
```

```
host $> sudo make install-init
host $> sudo make install-config
host $> sudo make install-commandmode
```

4. Instalar la interfaz web de Nagios:

```
host $> sudo make install-webconf
```

NOTA: Es posible que se obtenga el siguiente error al ejecutar el último comando si se está en una distribución basada en Debian:

```
/usr/bin/install -c -m 644 sample-config/httpd.conf /etc/httpd/
conf.d/nagios.conf
/usr/bin/install: cannot create regular file '/etc/httpd/conf.d/
nagios.conf': No such file or directory
Makefile:296: recipe for target 'install-webconf' failed

make: *** [install-webconf] Error 1
```

Para solventar el problema se debe ejecutar el siguiente comando:

```
host $> sudo /usr/bin/install -c -m 644 sample-config/httpd.conf /
etc/apache2/sites-enabled/nagios.conf
```

Finalmente debemos asegurarnos de que hay un archivo llamado *nagios.conf* en el directorio */etc/apache2/sites-enabled/* mediante el siguiente comando:

```
host $> ls /etc/apache2/sites-enabled/
```

Después de esto, ya está instalado Nagios.

5.1.11.2. INSTALACIÓN DE LOS *PLUGINS* DE NAGIOS

Los *plugins* de Nagios añaden funcionalidades al servidor. De hecho, Nagios puede hacer más bien poco sin ellos. A estos *plugins*, se pueden añadir otros conforme surgen nuevas necesidades. La descarga de los *plugins* se puede realizar desde la página oficial de los *plugins* de Nagios, o bien ejecutar el siguiente comando:

```
host $> wget http://www.nagios-plugins.org/download/nagios-plugins-
2.4.9.tar.gz
```

Una vez que han sido descargados (en la misma carpeta donde se ejecutó el comando anterior), se deben realizar las siguientes tareas:

1. Descomprimir el archivo con los *plugins*:

   ```
   host $> tar xzf nagios-plugins-2.4.9.tar.gz
   ```

2. Cambiar al directorio descomprimido:

   ```
   host $> cd nagios-plugins-2.4.9/
   ```

3. Comprobar que se cumplen todos los requisitos para instalar los *plugins*:

   ```
   host $> sudo ./configure --with-nagios-user=nagios --with-nagios-group=nagios
   ```

4. Compilar los *plugins*:

   ```
   host $> sudo make
   ```

5. Instalar:

   ```
   host $> sudo make install
   ```

Después, los *plugins* de Nagios ya están instalados.

5.1.11.3. CONFIGURACIÓN INICIAL DE NAGIOS

Los archivos de configuración de Nagios están en el directorio */usr/local/nagios/etc*. Nagios ya trae parte de la configuración preestablecida, pero se deben hacer algunos cambios.

Restringiendo el acceso al servidor Nagios

Si se desea, por cuestiones de seguridad, que solamente desde algunas direcciones IP se pueda acceder al servidor Nagios, se debe editar el archivo */etc/apache2/sites-enabled/nagios.conf* con cualquier editor de texto, como Nano, y hacer los siguientes cambios:

1. Comentar las siguientes líneas (añadir el símbolo # delante):

   ```
   # Order allow,deny
   # Allow from all
   ```

2. Descomentar las siguientes líneas:

   ```
   Order deny,allow
   Deny from all
   Allow from 127.0.0.1 192.168.1.0/24
   ```

La dirección IP o rango de red especificado, en este caso 192.168.1.0/24, debe corresponder con el *host* usado por el administrador que va a acceder al servidor Nagios para visualizar la información de monitorización.

También se deben activar los módulos de Apache *rewrite* (para reescribir URL) y *cgi* (para ejecutar *scripts* de diferentes lenguajes). Para ello, se ejecutan los siguientes comandos:

```
host $> sudo a2enmod rewrite
host $> sudo a2enmod cgi
```

Después, hay que reiniciar el servidor web Apache:

```
host $> sudo service apache2 restart
```

5.1.11.4. ACCEDER A LA INTERFAZ WEB DE NAGIOS

Antes de seguir, es preciso asignarle una contraseña a la interfaz web de Nagios para evitar que cualquiera pueda acceder a ella. El comando que se debe ejecutar es el siguiente:

```
host $> sudo htpasswd -c /usr/local/nagios/etc/htpasswd.users
nagiosadmin
```

Tras crear la contraseña, hay que reiniciar el servicio Nagios. Para ello, se ejecuta el siguiente comando:

```
host $> sudo service nagios restart
```

> *NOTA:* En algunas distribuciones este paso puede dar el siguiente mensaje de error:
>
> ```
> Failed to start nagios.service: Unit nagios.service failed to
> load: No such file or directory.
> ```
>
> O bien:
>
> ```
> [....] Starting nagios (via systemctl): nagios.serviceFailed to
> start nagios.service: Unit nagios.service failed to load: No such
> file or directory.
>  failed!
> ```
>
> Para resolver este error, se debe copiar el archivo */etc/init.d/skeleton a /etc/init.d/nagios* mediante el siguiente comando:
>
> ```
> host $> sudo cp /etc/init.d/skeleton /etc/init.d/nagios
> ```

Después se debe editar el archivo */etc/init.d/nagios* con un editor de texto y añadir las siguientes líneas:

```
DESC="Nagios"
NAME=nagios
DAEMON=/usr/local/nagios/bin/$NAME
DAEMON _ ARGS="-d /usr/local/nagios/etc/nagios.cfg"
PIDFILE=/usr/local/nagios/var/$NAME.lock
```

Una vez guardados los cambios, se deben cambiar los permisos del archivo */etc/init.d/nagios:*

```
host $> sudo chmod +x /etc/init.d/nagios
```

Hecho esto, ya es posible reiniciar Nagios.

El usuario es *nagiosadmin* y es importante recordar la contraseña introducida, ya que se nos preguntará al acceder a la consola. Siguiendo el ejemplo mostrado en la imagen de la Figura 5.8, el administrador, sentado frente al *host* con dirección IP 192.168.1.50, abre un navegador web y escribe la siguiente URL en la barra de direcciones: http://192.168.1.147/nagios

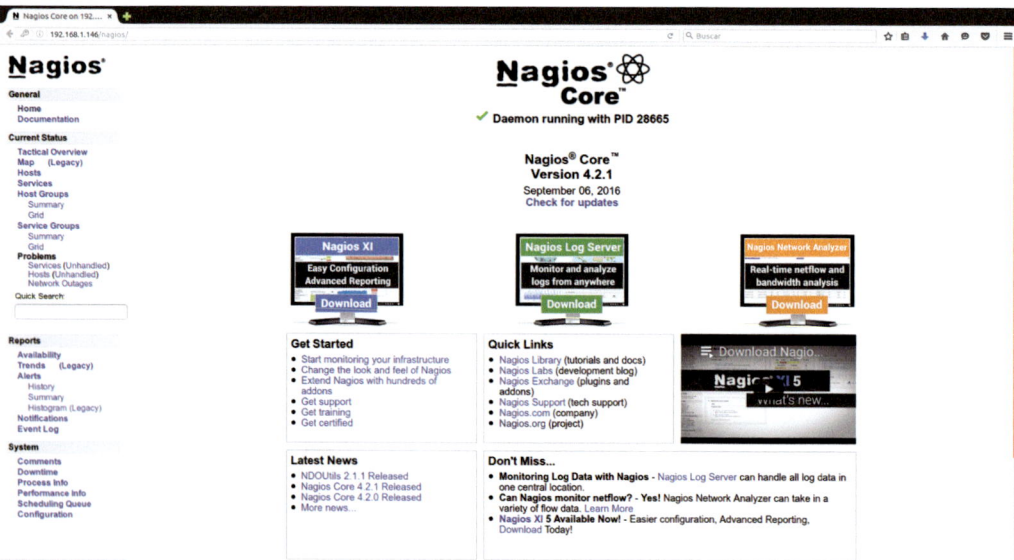

Figura 5.8. Interfaz web de Nagios.

5.1.11.5. MONITORIZAR UN SERVICIO

En la topología seguida en esta sección, el servidor con dirección IP 192.168.1.200 ejecuta un servidor SSH. En este ejemplo se va a monitorizar que el servicio SSH está activo. Las tareas expuestas a continuación deben llevarse a cabo en el servidor Nagios, no en el servidor monitorizado. En primer lugar hay que editar el archivo /usr/local/nagios/etc/nagios.cfg con cualquier editor de textos, como *nano*. Después, hay que buscar y descomentar la siguiente línea (eliminar el símbolo # al inicio de la línea):

```
cfg_dir=/usr/local/nagios/etc/servers
```

Después, se debe crear un directorio llamado *servers* en el directorio */usr/local/nagios/etc/*:

```
host $> sudo mkdir /usr/local/nagios/etc/servers
```

A continuación, dentro del directorio creado, se crea el archivo donde se dan los datos del servidor que se desea monitorizar, así como qué comprobaciones se quieran hacer. Este archivo se puede llamar como se desee. En nuestro caso, se le puede llamar *servidor_monitorizado.cfg,* por ejemplo. Para crear dicho archivo, se debe ejecutar el siguiente comando:

```
host $> sudo touch
/usr/local/nagios/etc/servers/servidor_monitorizado.cfg
```

Después, se debe editar el archivo con cualquier editor de texto, como Nano, y añadir el siguiente contenido al archivo:

```
define host{
use                    linux-server
host_name              servidor_monitorizado
alias                  servidor_monitorizado
address                192.168.1.200
max_check_attempts     5
check_period           24x7
notification_interval  30
notification_period    24x7
}
define service {
use                    generic-service
host_name              servidor_monitorizado
service_description    SSH
check_command          check_ssh
notifications_enabled  0
}
```

Finalmente, se procede a reiniciar Nagios:

```
host $> sudo service nagios restart
```

Al acceder de nuevo a la interfaz web de Nagios, se puede comprobar que ya aparece el nuevo servidor, tal y como se muestra en la imagen de la Figura 5.9.

Figura 5.9. La interfaz web muestra cómo el servicio SSH del servidor monitorizado está activo.

Existen muchas otras cosas que puede hacer Nagios que se han dejado fuera de la sección, como por ejemplo NRPE[20], NSClient++[21] o la integración con SNMP[22].

5.1.12. SNMP

SNMP es un protocolo de preguntas y respuestas que permite monitorizar distintos tipos de dispositivos de una red, como *switches*, *routers*, servidores, impresoras, etcétera.

---

[20] NRP*E* (Nagios Remote Plugin *E*xecution) es un servicio que permite ejecutar *plugins* de Nagios u otros programas en un servidor remoto y devolver el resultado al servidor Nagios. De este modo, es posible medir no solo lo que se ve desde la red, sino también lo que está ocurriendo en el interior de un *host*.

[21] NSClient++ es un agente que permite realizar tareas similares a las que se pueden realizar con NRPE en equipos con Windows instalado.

[22] En última instancia, preguntar a un *switch* o a un *router* cuestiones sobre su funcionamiento (como el ancho de banda consumido, por ejemplo) pasa por el uso de SNMP.

Para el protocolo SNMP, la red constituye un conjunto de elementos básicos ubicados en los equipos de la red:

- **Estación de gestión (NMS):** está instalado en el *host* del administrador y va recopilando la información de dispositivos y servidores.

- **Nodos gestionados:** son los *hosts* monitorizados. Ejecutan internamente un agente SNMP que responde a las encuestas de la estación de gestión. El agente que implementa el protocolo SNMP es capaz de enviar y recibir mensajes SNMP cuando es preguntado. Interactúa con el dispositivo físico y obtiene la información necesaria para responder las consultas del NMS y para enviar mensajes *trap* (mensajes de notificación). El agente también es capaz de realizar cambios en la información de gestión, siguiendo las instrucciones de las peticiones del NMS. Tienen que contar con una configuración de control de acceso para gestionar los privilegios de lectura y escritura.

- **MIB (Management Information Base):** la información disponible sobre un sistema en SNMP depende de su MIB, que es básicamente un árbol jerárquico que incluye los parámetros sondeables. El agente SNMP busca dentro de este árbol jerárquico para responder a una pregunta SNMP. Cada uno de los parámetros del MIB es identificable mediante un OID (*Object IDentifier*). Un OID es una cadena de enteros, separados por puntos. Por ejemplo, el OID 1.3.6.1.2.1.5.8 especifica el *Número de paquetes ICMP echo recibidos*. La mayoría de dispositivos implementan algún tipo de MIB. Lo más probable es que se termine trabajando con ciertos OID concretos. Algunos de los OID usados habitualmente son:

    — **% de uso CPU:** .1.3.6.1.4.1.311.1.1.3.1.1.2.1.3

    — **Espacio en C:** .1.3.6.1.4.1.311.1.1.3.1.1.5.1.4

    — **Memoria RAM libre:** .1.3.6.1.4.1.311.1.1.3.1.1.1.1.1

Existen varias versiones de SNMP. El problema que siempre ha arrastrado SNMP es la seguridad, ya que incluso la versión 2 (que es la más habitual) transporta la información en texto plano. De hecho, una broma para informáticos decía que SNMP eran las siglas de *Security is Not My Problem*. La versión 1 es la más antigua, y por lo general ha sido sustituida por la versión 2. La versión 2 de SNMP aporta una serie de mejoras frente a la original, que, fundamentalmente, se manifiestan en tres áreas particulares: autenticación, privacidad y control de acceso. Y por último, la versión 3 mejora aún más la seguridad añadiendo el cifrado para las transferencias de paquetes SNMP.

Existen muchos programas capaces de interaccionar con SNMP. Un tipo especial es el llamado navegador MIB, que permite preguntar a un *host* determinado el valor de un OID. Estos programas terminan siendo poco prácticos, porque el manejo de los OID es muy tedioso, ya que requiere escribir una secuencia bastante compleja de números y puntos. En general, SNMP se utiliza en todos los servicios de monitorización de redes, incluido Nagios, para preguntar cosas concretas sobre el estado de la red a los diferentes dispositivos conectados a la red.

5.2. Detección de problemas y resolución

La detección y resolución de problemas implica dos aspectos:

- **Herramientas:** es necesario conocer las herramientas necesarias para la detección de un problema.

- **Procedimientos:** una vez que un problema ha sido detectado mediante el uso de las herramientas adecuadas, hay que aplicar un procedimiento correctivo.

En los apartados siguientes se revisan las incidencias descrita en el Capítulo 2 del presente libro. Para cada una de ellas se proponen herramientas, así como soluciones para detectar y solucionarlas.

5.2.1. Tramas largas y cortas

Descripción del problema: se produce fragmentación de los paquetes por diferencia de MTU en los enlaces entre el origen y del destino, reduciendo la eficiencia de la red u otros problemas.

Herramientas para la detección del problema

- **Ping:** la herramienta *ping* permite comprobar la MTU hasta un *host* remoto. Por ejemplo, en GNU/Linux el siguiente comando, permite comprobar que la MTU es de 1500 *bytes*:

```
host $> ping -s 1472 -M do www.seder.net
```

Con el parámetro *-M do* indicamos que los paquetes no se deben fragmentar. Por ello, cuando la MTU es superada, se obtiene el mensaje *"Message too long"*.

En Windows esta misma comprobación se puede hacer con el comando siguiente:

```
C:\Windows\System32> ping -l 1472 -f www.seder.net
```

En este caso, el parámetro *-f* indica que el paquete IP no debe ser fragmentado. Si la MTU se supera, se obtiene el mensaje "Es necesario fragmentar el paquete pero se especificó DF".

Como se puede observar, el tamaño indicado es de 1472 para probar una MTU de 1500. Esto se debe a que el comando *ping* no incluye las cabeceras de 20 bytes del paquete IP y 8 bytes del paquete ICMP.

- **ifconfig:** el comando *ifconfig* de GNU/Linux muestra la MTU de una interfaz de red en el parámetro MTU asociado a la interfaz.

- **Netsh:** en Windows el comando *netsh* muestra la MTU de una interfaz con el comando siguiente:

```
C:\Windows\System32\> netsh interface ipv4 show subinterface
```

Soluciones propuestas

- **Modificar la MTU:** en caso de ser necesario, se puede modificar la MTU de la interfaz de red correspondiente.

    — **Cambiar la MTU en Windows:** una vez abierta una consola de comandos, seguimos los siguientes pasos:

    1. Para obtener una lista de las interfaces de red disponibles, ejecutar el comando siguiente:

```
C:\Windows\System32\> netsh interface ipv4 show subinterface
```

    2. Para asignar una MTU de 1458 *bytes* a una la interfaz *Conexión de área local* ejecutar el comando siguiente:

```
C:\Windows\System32\> netsh interface ipv4 set subinterface "Conexión de
área local" mtu=1458 store = persistent
```

    3. Hay que sustituir el nombre de la interfaz *Conexión de área local* por el nombre de la interfaz cuya MTU se desea modificar.

    4. Reiniciar el sistema y comprobar la nueva MTU.

    — **Cambiar la MTU en GNU/Linux:** abrir la consola de comandos y ejecutar el siguiente comando:

```
host $> sudo ifconfig eth0 mtu 1492
```

5.2.2. Tráfico excesivo

Descripción del problema: la red experimenta una degradación en su rendimiento en los momentos de mayor actividad.

Herramientas para la detección del problema

Existen multitud de herramientas para medir el tráfico de red en una interfaz Ethernet.

Estadísticas de red:

- **Wireshark:** mediante Wireshark se puede capturar el tráfico y después utilizar la herramienta gráfica IO Graph de dicha aplicación para analizar la tasa de transferencia en el tiempo.

- *Port mirroring*: se trata de una función que tienen los *switches* gestionables para replicar el tráfico de un puerto por otro puerto. Una estrategia sencilla para medir el tráfico que pasa por el puerto de un *switch* consiste en aplicar *port mirroring* y conectar al puerto replicado un dispositivo que supervise el tráfico con Wireshark.

- **Otras herramientas:** existen multitud de aplicaciones de terceros para medir el tráfico de una interfaz de red, tanto en Windows como en GNU/Linux, como el comando *bwm-ng* en GNU/Linux, o Microsoft Network Monitor en Windows. También se puede emplear el protocolo SNMP. SNMP combinado con una herramienta de monitorización, como Nagios o Cacti[23], permite monitorizar de manera continuada el tráfico de los dispositivos de *networking* de la red.

Soluciones propuestas

Se da por hecho en esta sección que todo el tráfico es legítimo, ya que el caso contrario se escapa al ámbito de este libro. Si la red está mal diseñada, y carece de estructura, la solución a un cuello de botella será probablemente costosa, puesto que requerirá la sustitución de cableado, así como de varios dispositivos. En cambio, un diseño jerárquico como el mostrado en la sección 2.1.2.1 se adapta a diferentes problemas sin costes desorbitados:

- **La red ha crecido:** si hay más dispositivos en la capa de acceso de los inicialmente previstos, la estructura jerárquica permite que el crecimiento sea ordenado y predecible. Si el modelo del diseño consiste en dos *switches* de la capa de distribución por cada diez *switches* de la capa de acceso, se puede continuar agregando *switches* de la capa de acceso hasta tener diez *switches* de la capa de acceso interconectados con los dos *switches* de la capa de distribución antes que necesitar agregar *switches* adicionales de la capa de distribución, que siempre son más costosos.

- **Se requiere más ancho de banda:** una parte de la red puede necesitar más ancho de banda que el inicialmente planificado por circunstancias varias, como la

---

[23] Cacti es una herramienta de monitorización de la red que se caracteriza por su interfaz gráfica intuitiva y las representaciones gráficas de los aspectos monitorizados.

implementación de nuevos servicios, por ejemplo. En tal caso, existe una técnica llamada agregación de enlace que permite enlazar dos *switches* mediante varios enlaces que se comportan como uno solo. Las interfaces de un *switch* suelen ser de 100 MBps o 1 GBps. La agregación de enlace hace posible utilizar anchos de banda superiores, como 10 GBps, agregando enlaces entre la capa de acceso y la capa de distribución. Esta técnica tiene varias ventajas:

— Se utilizan puertos existentes sin necesidad de actualizar el *hardware*.

— Se pueden aplicar diferentes filosofías de balanceo de carga.

— En caso de caída de uno de los enlaces, el canal lógico sigue funcionando, perdiendo únicamente el ancho de banda de dicho enlace.

La agregación de enlace se consigue utilizando un protocolo específico como LACP[24].

5.2.3. NetWare

Novell NetWare es un sistema operativo desarrollado por la empresa Novell. Este sistema operativo quedó obsoleto a principios de los años 2000 al no ser capaz de competir con el servicio Active Directory de Microsoft. Utilizaba como protocolo de comunicaciones SPX/IPX. En la actualidad este protocolo no se utiliza.

5.2.4. TCP/IP

Descripción del problema: un *host* tiene una configuración de red estática incorrecta.

Herramientas para detectar el problema

- **ifconfig e ipconfig:** las herramientas *ifconfig* (en GNU/Linux) e *ipconfig* (en Windows) permite comprobar la configuración de red del *host*.

- **Network Manager:** en los *hosts* con un entorno de escritorio GNU/Linux, la aplicación Network Manager permite comprobar si la configuración de red es o estática o dinámica, y si esta es correcta o incorrecta.

- **Archivo de configuración:** en los *hosts* con GNU/Linux instalado sin entorno de escritorio, la configuración de red está ubicada en un archivo de texto. Dependiendo de si la distribución GNU/Linux es una derivación de RedHat o de Debian, dicho archivo varía:

---

[24] LACP (*Link Aggregation Control Protocol*) es el protocolo definido en el estándar IEEE 802.3ad. Cuando dos *switches* que implementan el protocolo LACP están conectados por más de un enlace, pueden crear enlaces lógicos que suman el ancho de banda de todos ellos.

- **Distribuciones derivadas de RedHat:** las distribuciones derivadas de Red-Hat ubican el archivo de configuración en la carpeta */etc/syconfig/network-scripts/,* con el nombre *ifcfg-eth0* para la interfaz *eth0*, por ejemplo.

- **Distribuciones derivadas de Debian:** las distribuciones derivadas de Debian ubican la configuración de la red en el archivo */etc/network/interfaces.*

- **Ventana *Propiedades: Protocolo de Internet versión 4 (TCP/IPv4):*** en sistemas Windows se puede comprobar si la configuración de la red es estática en la ventana *Propiedades: Protocolo de Internet versión 4 (TCP/IPv4).*

Soluciones propuestas

Una vez que se ha comprobado que la configuración es incorrecta, se debe utilizar el método de configuración correspondiente al sistema operativo para establecer la configuración correcta. Los parámetros que se deben tener en cuenta son:

- Dirección IP.

- Máscara de red.

- Dirección IP de la puerta de enlace.

- Dirección IP del servidor DNS primario o secundario.

5.2.5. Configuración del *host*

Descripción del problema: el servidor DHCP está asignando una configuración incorrecta a los *hosts* de la red.

Herramientas para detectar el problema.

- **Detalles de la interfaz en Windows:** en Windows es común consultar los parámetros de configuración de una interfaz de red de forma gráfica. Para ello, seguir los siguientes pasos:

  1. Abrir el *Centro de redes y recursos compartidos.*

     a. En Windows 11, seleccione *Inicio,* escriba panel de control y, a continuación, seleccione Panel de control> Red e Internet > Centro de redes y uso compartido.

     b. En Windows 8.1, o posterior, hacer clic en el botón de *Inicio*, escribir *Ver conexiones de red*, y seleccionar la opción mostrada en la lista.

     c. En Windows 7, hacer clic en el botón de *Inicio* y seleccionar la opción *Panel de control.* Una vez abierto el panel de control, elegir *Centro de redes y recursos compartidos.*

  2. Una vez abierto el *Centro de redes y recursos compartidos*, en la sección *Ver las redes activas* se pueden ver las interfaces de red actualmente en fun-

cionamiento. Al hacer clic sobre cualquiera de las interfaces, cuyo nombre aparece junto a la etiqueta *Conexiones*, se abre una ventana con el título *Estado de conexión de área local*.

3. En la ventana *Estado de conexión de área local*, hacer clic en el botón *Detalles*. Ahí podremos ver diferentes detalles de configuración de la interfaz.

- **ifconfig o ipconfig:** los comandos *ifconfig* (en el caso de GNU/Linux) o *ipconfig* (en el caso de Windows) permiten conocer la configuración de un *host* de la red. En Windows, para poder obtener la dirección del servidor DNS, el comando *ipconfig* se debe ejecutar del siguiente modo: *ipconfig /all*.

- **/etc/resolv.conf:** en algunas distribuciones GNU/Linux, como RedHat y sus derivadas, el archivo */etc/resolv.conf* contiene la dirección del servidor DNS.

- **nmcli:** en algunas distribuciones GNU/Linux se utiliza un servidor DNS local *dnsmasq*, por lo que el archivo */etc/resolv.conf* contiene la dirección 127.0.0.1 (que es la dirección *loopback*) en lugar de la dirección del servidor DNS de la red. Para conocer la dirección del servidor DNS debe usarse el comando *nmcli* del siguiente modo:

```
host $> nmcli device show eth0 | grep ip4.dns
IP4.DNS[1]:                        192.168.43.1
```

- **route:** el comando *route* permite ver entre otras cosas la puerta de enlace en un equipo GNU/Linux el siguiente modo:

```
host $> route -n | grep ^0.0.0.0
0.0.0.0          192.168.1.1     0.0.0.0         UG    600   0      0 eth0
```

Soluciones propuestas

Una vez que se ha aislado y diagnosticado el problema y se ha determinado que el servidor DHCP está ofreciendo una configuración errónea, el administrador tendrá que reconfigurarlo y reiniciar el servicio.

5.2.6. Resolución de nombres

Descripción del problema: no se resuelven los nombres de los *hosts* de la red o de otras redes.

Herramientas para detectar el problema

- **Ping:** debido a que el nivel de red funciona perfectamente, será posible alcanzar cualquier destino de la misma red o de cualquier otra. La secuencia de pruebas habitual en estos casos es la siguiente:

  — Hacer *ping* a la puerta de enlace.

— Hacer *ping* a algún servidor importante de la red.

— Hacer *ping* a un servidor remoto cuya IP conozcamos. Muchos administradores apuntan direcciones IP de servidores web populares en Internet para utilizarlas en estos casos.

- **Nslookup** o **Dig:** mediante Nslookup (en Windows) o Dig (en GNU/Linux) se pueden hacer pruebas contra nuestro servidor DNS, así como contra otros servidores públicos de proveedores de Internet. Todo administrador de la red tiene apuntadas las direcciones de varios servidores DNS públicos de Internet para su uso en caso necesario. Dos ejemplos de dirección IP de servidor DNS público son 8.8.8.8 y 80.58.32.33, de Google y de Telefónica, respectivamente. La batería de pruebas que hay que realizar debe incluir varios nombres tanto del dominio local de la red como nombres de dominios públicos, como google.com. Las pruebas deben hacerse contra la DNS de la red (que supuestamente está fallando) y después en una DNS pública de suficiente confianza como las citadas. El objetivo de estas pruebas es doble:

  — Comprobar que nuestra DNS no resuelve nombres, mientras que otra diferente sí lo hace.

  — Descartar que se estén bloqueando los paquetes DNS que intentan salir de la red.

Soluciones propuestas

Una vez que se ha aislado y diagnosticado el problema, la acción que se debe tomar dependerá en gran medida del control administrativo que tengamos sobre la DNS.

- **Si tenemos control administrativo sobre la DNS de la red:**

  — **Rearmar el servidor DNS:** si tenemos control administrativo del servidor DNS, se puede inspeccionar el problema, aplicar las medidas correctivas necesarias y dejarlo operativo de nuevo.

  — **Habilitar un servidor DNS esclavo:** para que la caída de un servidor DNS no provoque la pérdida del servicio, se debe contar con un segundo servidor esclavo que utilice una copia temporal del registro de zona del servidor principal.

- **Si no tenemos control administrativo sobre la DNS de la red:**

  — **Ponernos en contacto con el proveedor de DNS:** aunque probablemente ya lo sabe, es importante llamar al proveedor de DNS (que muchas veces es el mismo ISP) para informar del problema. Cuantos más usuarios reporten la incidencia, mayor prioridad le darán.

— **Modificar temporalmente la configuración del servidor DHCP:** si el servicio no se restablece rápidamente, se puede modificar la configuración del servidor DNS para que proporcione la dirección IP de una DNS de un proveedor diferente. La configuración original deberá ser restablecida una vez que nuestro servidor DNS haya sido rearmado.

5.2.7. NetBIOS

Descripción del problema: no se lleva a cabo la resolución de nombres NetBIOS.

Herramientas para detectar el problema

- **Nbtstat:** la herramienta Nbtstat permite hacer comprobaciones para detectar errores de resolución de nombres NetBIOS.

- **Ventana *Sistema*:** en los sistemas Windows, el nombre NetBIOS del equipo se puede comprobar en el parámetro *Nombre del equipo* la ventana *Sistema*. La ruta de dicha ventana es *Panel de control > Sistema y seguridad > Sistema*.

Soluciones propuestas

Una opción es que el nombre NetBIOS del equipo invocado es incorrecto o no es el esperado. Una vez que se ha comprobado que el nombre del equipo es incorrecto, debe modificarse para que sea el correcto. Para modificar el nombre NetBIOS, se deben seguir los siguientes pasos:

1. Acceder al *Panel de control* y elegir la categoría *Sistema y seguridad*.

2. Dentro de la categoría *Sistema y seguridad*, en el apartado *Sistema* hacer clic sobre el enlace con el texto *Mostrar el nombre de este equipo*. Entonces se mostrará una sección con el nombre *Ver información básica acerca del equipo*.

3. En la sección *Ver información básica acerca del equipo*, hacer clic en el enlace con el texto *Cambiar configuración*. Entonces se abrirá una ventana con título *Propiedades del sistema*. En dicha ventana, hacer clic en el botón *Cambiar*, tras lo que se abrirá una ventana con el título *Cambios en el dominio o el nombre del equipo*.

4. En la ventana con el título *Cambios en el dominio o el nombre del equipo*, añadir el nombre del equipo así como el nombre del grupo de trabajo en los campos de texto con las etiquetas *Nombre de equipo* y *Grupo de trabajo* respectivamente. Después hacer clic en el botón *Aceptar*.

5. Finalmente, aparecerá una notificación con el siguiente texto *Se unió correctamente al grupo de trabajo…* Para aplicar los cambios, será necesario reiniciar.

También podría ocurrir que se haya desactivado el servicio de sesiones NetBIOS y no se cuente en la red con un servidor DNS para resolver los nombres. Para activar de nuevo el servicio de sesiones NetBIOS se debe seguir el siguiente procedimiento:

1. Abrir el *Centro de redes y recursos compartidos*. Después, hacer clic sobre la entrada de la izquierda *Cambiar configuración del adaptador*.

2. Sobre el adaptador conectado a la red en el que deseamos activar NetBIOS, hacer clic con el botón derecho del ratón, y elegir la opción *Propiedades*.

3. Seleccionar la opción *Protocolo de Internet versión 4 (TCP/IPv4)* y hacer clic sobre el botón *Propiedades*.

4. En la ventana con el título *Propiedades: Protocolo de Internet versión 4 (TCP/IPv4)* hacer clic sobre el botón *Opciones avanzadas…*

5. En la ventana con el título *Configuración avanzada de TCP/IP* seleccionar la pestaña *WINS* y seleccionar la opción *Habilitar* NetBIOS *a través de TCP/IP*.

5.2.8. Conexión al servidor HTTP o *proxy*

Descripción del problema: no es posible acceder a las páginas de uno o más servidores web.

Herramientas para detectar el problema

- **Nmap:** mediante el comando *nmap* podemos comprobar si el servidor remoto tiene el puerto deseado abierto. En concreto, el puerto de HTTP es habitualmente 80 y 8080, mientras que el puerto de un servidor *proxy* suele ser 3128, aunque podrían variar dependiendo de la configuración del servidor. Si el servidor no responde o el puerto esperado no está abierto, puede significar tres cosas:

  — El puerto correspondiente no está escuchando.

  — El servidor está caído.

  — No es posible alcanzar el servidor.

- **cURL:** el comando *cURL,* de GNU/Linux permite obtener la cabecera de los paquetes HTTP, ejecutando el siguiente comando:

```
host $> curl -I http://www.seder.net/redes/tema0.html
HTTP/1.1 404 Not Found
Content-Type: text/html
Connection: keep-alive
```

```
Keep-Alive: timeout=15
Date: Tue, 20 Sep 2016 20:10:25 GMT
Server: Apache
```

El estado *404 Not Found* indica que el recurso no está disponible. Cuando el comando no devuelve una respuesta, puede significar que el servidor está caído.

Soluciones propuestas

- **Probar en otro *host*:** una solución sencilla es probar a acceder al mismo recurso desde otro *host* de la red. Esto permite comprobar si el problema es generalizado.

- **Escribir la URL correcta:** si el problema es una URL incorrecta o inexistente, la solución es averiguar cuál es la URL correcta y volver a probar.

- **Cambiar la configuración del *proxy*:** si el problema es que la configuración del *proxy* es incorrecta, se debe corregir indicando la IP del servidor y el puerto correspondiente en el navegador.

- **Revisar el servidor:** si la URL es correcta y la configuración del *proxy* (en caso de estar usándose uno) es correcta, entonces se debe revisar el servidor para comprobar el problema. Un punto de partida siempre consiste en comprobar los registros de eventos generados por el servicio en el servidor.

5.2.9. Conexión al servidor de correos

Descripción del problema: no es posible conectar con el servidor de correo electrónico al intentar configurar una nueva cuenta en un cliente de correo o bien no se envían ni se reciben correos nuevos.

Herramientas para la detección del problema

- **Telnet:** el comando *telnet* permite comprobar si el servidor SMTP y el servidor POP3 están disponibles y son capaces de enviar y devolver correo, tal y como se especifica en la sección 5.1.6.

- **Dig o Nslookup:** mediante los comandos *dig* (en el caso de GNU/Linux) y *nslookup* (en el caso de Windows) se puede comprobar cuál es el nombre del servidor SMTP de un cierto dominio. Por ejemplo, para comprobar el nombre del servidor de correo del dominio *seder.net*, los comandos correspondientes serían:

  ○ `dig seder.net mx`
  ○ `nslookup -query=mx seder.net`

- **Nmap:** averiguar el nombre del servidor POP3 puede ser algo más complicado. Lo más habitual es que utilicen nombres como POP, POP3 o MAIL. Por ejemplo, para el dominio *seder.net*, el servidor POP3 probablemente se llame *pop.seder.net, pop3.seder.net* o *mail.seder.net.* Mediante el comando Nmap, podemos comprobar que el servidor tiene el puerto 110 abierto.

Soluciones propuestas

- **Revisar los nombres del servidor SMTP, del servidor POP3 y de la cuenta de correo:** en muchas ocasiones, el problema está en que los nombres de los servidores son incorrectos. Una vez comprobados, revisar la configuración del cliente de correo.

- **Realizar una prueba desde otro cliente:** realizar un envío y recepción de correo desde otro *host*. Utilizar tanto la cuenta de correo implicada en la incidencia como otra cuenta diferente.

- **Comprobar que el servicio de correo está operativo:** si la configuración del cliente de correo es correcta y las pruebas de envío no han resultado, se pueden realizar pruebas mediante Telnet para comprobar las respuestas que da el servidor.

- **Revisar el registro de eventos servidor, corregir la configuración y reiniciar:** cuando el problema se ha localizado en el servidor, el registro de eventos es la mejor fuente de información sobre si se está produciendo algún problema. Una vez que la configuración ha sido corregida, se debe reiniciar el servidor.

5.2.10. Conexión al servidor de impresión

Descripción del problema: no es posible encontrar una impresora compartida en red o bien una impresora en red configurada en un *host* no está disponible.

Herramientas para la detección del problema

- **Nmap:** con el comando *nmap* podemos comprobar si el servidor de impresión dispone del puerto esperado abierto. Por ejemplo, si se usa protocolo de impresión IPP el puerto 631 debería estar abierto.

- **Buscar automáticamente impresoras disponibles en red:** los sistemas operativos modernos son capaces de detectar automáticamente las impresoras en red, incluidas las que proporcionan los servidores de impresión. Por ejemplo, en Windows el procedimiento para localizar automáticamente una impresora es:

  1. Abrir el panel de control y elegir la opción *Ver dispositivos e impresoras* de la categoría *Hardware y sonido*.

2. En la ventana que se abre a continuación, hacer clic en el botón *Agregar una impresora* que hay en la barra superior.

3. Después de eso, se abre un asistente con el título *Agregar impresora*. En dicho asistente, hacer clic sobre el botón con el texto *Agregar una impresora en red, inalámbrica o Bluetooth*.

4. En el siguiente paso del asistente se muestra una lista de las impresoras conectadas o compartidas en red detectadas.

En GNU/Linux el procedimiento depende de la distribución. Por ejemplo, en Ubuntu Desktop con el entorno de escritorio Unity la forma de encontrar una impresora en red automáticamente es:

1. Hacer clic en el botón de inicio y escribir *Impresoras* en el campo de texto. Después elegir el icono con forma de impresora, subtitulado como *Impresoras*.

2. En la ventana que se abre, con el título *Impresoras - localhost*, hacer clic sobre el botón *Añadir*. Entonces se abre un asistente titulado *Impresora nueva*.

3. En el panel izquierdo, etiquetado como *Dispositivos*, desplegar el menú *Impresora de red*, donde se podrán ver las impresoras conectadas o compartidas en red.

Soluciones propuestas

- **Comprobar conexión con el servidor:** empleando el comando *nmap* se puede comprobar si el servidor tiene el puerto por el que comparte la impresora abierto. Los puertos utilizados suelen corresponder al servicio CIFS (445) o IPP (631). También se puede hacer una búsqueda de impresoras compartidas en red.

- **Comprobar que la impresora ha sido añadida en el servidor de impresión:** abrir la consola de administración y comprobar que la impresora ha sido añadida al servidor y que está operativa.

- **Añadir la impresora al servidor de impresión:** si la impresora no está añadida, se debe proceder a su inclusión al servidor de impresión.

- **Comprobar el estado de la impresora:** si pese a incluir la impresora, no es posible añadirla en un cliente Windows o GNU/Linux, el problema podría estar en la impresora. Por ello, hay que revisar la documentación y el registro de eventos de la impresora.

- **Revisar el registro de eventos del servidor:** el registro de eventos del servidor de impresión puede aportar información sobre un problema más profundo.

5.2.11. El dominio *broadcast* es demasiado grande

Descripción del problema: la red experimenta una degradación en su rendimiento en ciertos momentos y aparentemente hay tormentas *broadcast* periódicas (los *switches* entran en modo difusión cada cierto tiempo).

Herramientas para detectar el problema

- **Wireshark:** se puede capturar el tráfico de red en un equipo de monitorización con Wireshark instalado, ubicado estratégicamente durante un fragmento de tiempo suficientemente amplio, y después comprobar el número de paquetes en total.

- ***Port mirroring*:** en una red conmutada (mediante *switches*), los paquetes *unicast* siguen un camino concreto hacia su destino una vez que las direcciones MAC han sido registradas en las tablas CAM de los *switches*. Por ello, un equipo que captura el tráfico de red desde un puerto de la capa acceso, solamente recibirá el tráfico *broadcast,* así como el tráfico *unicast* dirigido a él. Para poder capturar una muestra representativa del tráfico de red, el equipo de monitorización debe conectarse en un puerto troncal de la capa de distribución, y reflejar mediante *port mirroring* un puerto troncal, ya sea en un *switch* de la capa de acceso o de la capa de distribución.

Soluciones propuestas

- **Encontrar el origen de los paquetes *broadcast*:** puede que los paquetes *broadcast* provengan de un único *host*, o bien de un pequeño grupo de ellos. Un *host* podría estar realizando consultas NetBIOS de forma masiva, ejecutando algún tipo de *malware* o cualquier otra causa. En tal caso, la atención se debe centrar en dicho *host.*

- **Segmentar la red:** los paquetes *broadcast* son necesarios para muchos servicios. Por ejemplo, los utilizan el servicio DHCP y ARP. Cuando el tráfico *broadcast* pasa a ser excesivo, superando el 5 % del tráfico de la red, debe plantearse la segmentación de la red, es decir, su división en redes más pequeñas. Para realizar la segmentación, se pueden utilizar dos estrategias:

  — **Dividir físicamente la red:** esta alternativa requiere *switches* independientes para cada subred. Supone una inversión en equipamiento y cableado, ya que hay que duplicar el número de *switches.* Cada subred está conectada a una interfaz diferente de un *router.*

  — **Dividir lógicamente la red mediante VLAN:** la opción más utilizada actualmente consiste en segmentar la red sin modificar la estructura física de la red mediante el uso de redes virtuales o VLAN[25]. Para aplicar esta solución, debe comprobarse que los *switches* de la red implementan el protocolo IEEE 802.1q, lo que se indica en las especificaciones técnicas.

5.2.12. Errores en las tramas

Descripción del problema: parte de las tramas recibidas son descartadas por contener alteraciones.

Herramientas para la detección del problema

- **ifconfig**: en GNU/Linux la herramienta *ifconfig* muestra una estadística sobre las tramas enviadas y recibidas en una interfaz.

```
host $>   ifconfig eth0
eth0      Link encap 10Mbps Ethernet  HWaddr 00:00:C0:90:B3:42
          inet addr 172.16.1.2 Bcast 172.16.1.255 Mask 255.255.255.0
          UP BROADCAST RUNNING  MTU 1500  Metric 0
          RX packets 3136 errors 217 dropped 7 overrun 26
          TX packets 1752 errors 25 dropped 0 overrun 0
```

En concreto las líneas RX y TX muestra cuántos paquetes han sido enviados o transmitidos libres de error, cuántas tramas llegaron con malformaciones (campo *errores*), cuántas fueron descartadas por falta de memoria (campo *perdidos*) y cuántos se perdieron por saturación (campo *overrun*).

- **netstat**: en Windows, el comando *netstat -i* muestra el estado de una interfaz de red y entre otras cosas muestra el número de tramas con errores en la columna *Oerrs*.

- **show interfaces**: en Cisco IOS, el comando *show interfaces nombre_interfaz* muestra la estadística de tramas enviadas y recibidas por una interfaz. Los campos *input errors* y *output errors* muestran los paquetes con errores.

- **ping**: el comando *ping* permite comprobar si se pierden algunos paquetes.

- **Estadística en la consola de administración web:** en los dispositivos de *networking* con una interfaz gráfica suele haber una sección donde consultar el estado de una cierta interfaz. Por ejemplo, el *firmware* DD-WRT muestra la estadística de paquetes en la sección *Administration\System information*.

---

[25] Las VLAN (*Virtual LAN*) son posibles gracias al protocolo IEEE 802.1q, que añade a las tramas Ethernet un campo que contiene un número. Cada número diferente identifica una red lógica o VLAN diferente e independiente de las demás. Los *switches* manejan las tramas de las diferentes VLAN como si estuviesen físicamente separadas, aunque viajen por el mismo cable. De esta forma, los dominios *broadcast* se reducen.

Soluciones propuestas

- Realizar pruebas sobre el cableado para detectar el cable que origina los problemas.

- Sustituir o reparar el cableado defectuoso.

5.2.13. Mala calidad de la señal

Descripción del problema: la señal inalámbrica es muy débil.

Herramientas para detectar el problema

- */proc/net/wireless*: para obtener la ganancia de la señal y del ruido en GNU/Linux se puede consultar el contenido del archivo */proc/net/wireless*:

```
host $> cat /proc/net/wireless
Inter-| sta-|    Quality        |    Discarded packets               |
Missed | WE
 face | tus | link level noise  |  nwid   crypt     frag   retry    misc |
beacon | 22
wlp2s0: 0000   68.  -42.  -256      0        0        0        0      787       0
```

- *iwlist*: también se puede utilizar en GNU/Linux el comando *iwlist* para obtener un listado de redes inalámbricas disponibles, así como su calidad. En el ejemplo mostrado en la sección 5.1.8, el comando *iwlist* generaba el siguiente informe sobre la red *Linux AP*:

```
Cell 01 - Address: aa:bb:cc:dd:ee:ff
        Channel:1
                    Frequency:2.412 GHz (Channel 1)
                    Quality=28/70  Signal level=-82 dBm
                    Encryption key:on
                    ESSID:"LinuxAP"

[...SALIDA ACORTADA...]
```

En este resultado se puede observar que la señal tiene una ganancia de -82 dBm, y que la calidad de la señal es 28/70, es decir, del 40 %, lo que indica que la señal es baja.

- **NetStumbler:** en Windows, la herramienta gráfica NetStumbler permite conocer el SNR para cada punto de acceso alcanzable desde el equipo. En la imagen de la Figura 5.6 se puede ver el SNR para varias redes inalámbricas en la columna SNR.

Soluciones propuestas

- **Aumentar la potencia de emisión del punto de acceso:** en muchos puntos de acceso se puede ajustar la intensidad de la señal. Se trata de un parámetro que puede estar establecido por defecto al 100 %, pero puede no ser así, en cuyo caso se puede jugar con este parámetro. Hay que tener en cuenta que aumentar la potencia de emisión puede tener efectos contraproducentes si crea interferencias en el área de cobertura de otros puntos de acceso. En la imagen de la Figura 5.10 se puede ver en la consola de administración web del *firmware* DD-WRT el parámetro *Xmit power* que permite modificar la potencia de la señal.

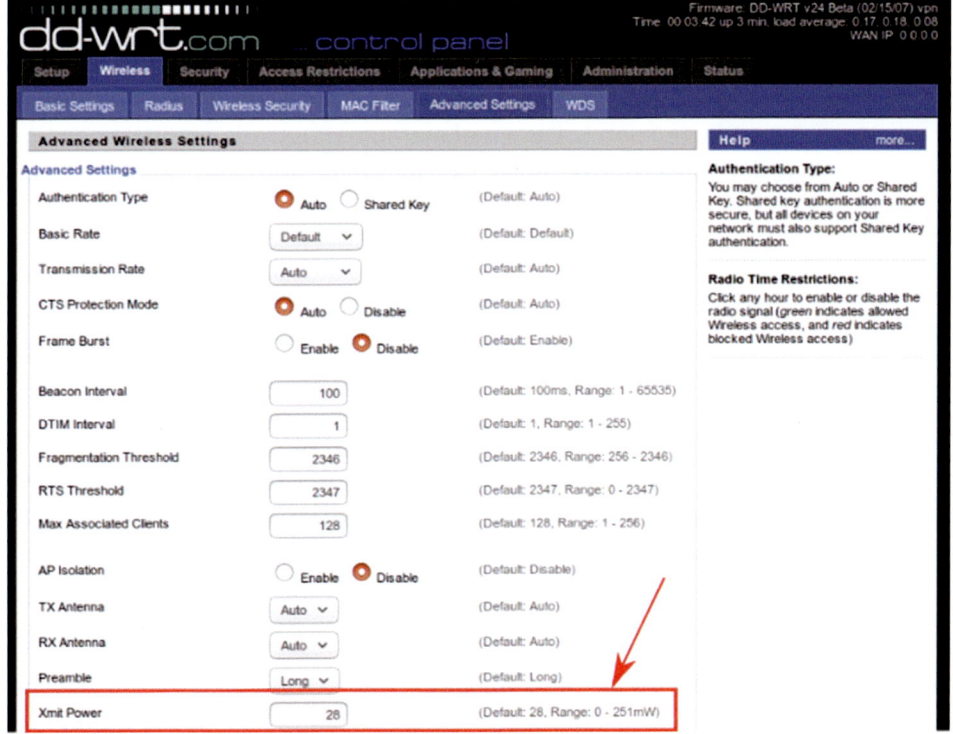

Figura 5.10. Parámetro *Xmit power* del *firmware* DD-WRT.

- **Instalar una antena en el punto de acceso para amplificar la señal:** muchos puntos de acceso soportan la instalación de una antena externa, aunque cada vez más traen antenas externas fijas o internas. En caso de que el punto de acceso soporte la instalación de una antena externa, se puede buscar una que amplifique la señal suficientemente. Entre 8 y 10 dBi[26] puede ser suficiente.

---

[26] Relación entre la ganancia de una antena y la de un radiador isotrópico. Un radiador isotrópico es un modelo ideal de antena que emite energía en forma esférica perfecta, con la misma intensidad de señal en todas las direcciones. Una antena omnidireccional no superará los 12 dBi de ganancia, mientras que una direccional puede tener ganancias de más de 30 dBi.

- **Añadir a la red un repetidor (*range extender*)**: la función de los repetidores inalámbricos, también llamados *range extender,* es aumentar el área de cobertura de las redes inalámbricas. Instalar un repetidor inalámbrico en el lugar adecuado puede resolver el problema.

5.2.14. Varios puntos de acceso inalámbricos próximos utilizan el mismo canal

Descripción del problema: la conexión a la red inalámbrica se pierde continuamente o bien el rendimiento es bajo a pesar de estar muy cerca del punto de acceso.

Herramientas para la detección del problema

- *iwlist*: para conocer los canales en que están emitiendo los puntos de acceso circundantes, en GNU/Linux podemos utilizar el comando *iwlist scan* tal y como se describe en la sección 5.1.8. En el ejemplo mostrado en dicha sección, se puede observar que las redes con ESSID *AndroidAP, Orange-10BN* y *LinuxAP* utilizan el canal 1, lo que podría provocar problemas.

- **NetStumbler:** en Windows, la herramienta NetStumbler muestra los canales ocupados por los puntos de acceso cercanos. En la imagen de la Figura 5.6 se pueden observar los canales utilizados por los diferentes puntos de acceso.

Soluciones propuestas

- **Selección automática de canal:** los *routers* y puntos de acceso modernos cuentan con una opción para la selección automática del "mejor" canal disponible. Al no ser un estándar, la condición de "mejor" canal viene descrita por el fabricante. En condiciones ideales, esta opción podría reducir las incidencias por solapamiento de canales.

- **Selección de canales a partir de un mapa SNR**[27]: si la configuración automática no da los resultados deseados, confeccionar un mapa SNR para las diferentes redes inalámbricas presentes en la zona del problema. Después, elegir administrativamente los canales más adecuados para evitar el solapamiento. Puede que parte de los puntos de acceso no estén bajo nuestro control administrativo.

5.2.15. Clave de red incorrecta

Descripción del problema: no se consigue conectar con la red inalámbrica.

---

[27] Un mapa SNR es una representación espacial del valor SNR en el plano donde se encuentra el punto de acceso. A través de un mapa SNR se puede ver de un solo vistazo en qué partes de un piso tiene mayor calidad la señal.

Herramientas para la detección de problemas

- **Indicador de conexión:** tanto en escritorios Windows como GNU/Linux hay un icono para indicar el nivel de conectividad. Cuando la clave es incorrecta, podremos ver que la red inalámbrica está disponible, pero el icono muestra que el *host* no ha conseguido conectarse a la red.

- **iwconfig:** en GNU/Linux la herramienta *iwconfig* muestra el estado de conexión a una red inalámbrica usando una contraseña incorrecta.

```
host $> iwconfig wlan0
wlan0      IEEE 802.11abgn   ESSID:off/any
              Mode:Managed  Access Point: Not-Associated    Tx-Power=22 dBm
              Retry short limit:7   RTS thr:off   Fragment thr:off
              Power Management:on
```

El término *Not-Associated* indica que la interfaz de red inalámbrica no está asociada a ningún punto de acceso.

- **Herramienta de configuración de la interfaz de red:** examinar la contraseña introducida por el usuario para comprobar que es la correcta en la herramienta de configuración de la interfaz de red. Cada sistema operativo tiene su propio procedimiento para acceder a la configuración de la interfaz inalámbrica. Dependiendo del sistema operativo, la contraseña se puede ver una vez ha sido introducida o no.

Soluciones propuestas

- Cambiar la clave errónea por la correcta.

5.2.16. Hay un intruso en la red

Descripción del problema: la red inalámbrica tiene un bajo rendimiento para todos los usuarios sin razón aparente o se detecta actividad cuando no hay nadie conectado.

Herramientas para la detección del problema

- **Indicador de actividad del punto de acceso:** un primer indicio, no muy exacto, puede aparecer cuando se observa un alto nivel de actividad en un punto de acceso en un momento en que la mayoría de los equipos están apagados. No es un método muy exacto, pero puede darnos una pista cuando se están dando problemas de rendimiento en la red.

- **Inventario de la red:** todo administrador debería contar con un inventario de los dispositivos que pertenecen a la red. Dicho inventario debería contar con al menos el nombre, la dirección MAC, la dirección IP, y la descripción para cada dispositivo, pudiendo contar con otra información adicional como un registro de incidencias. Esto se puede conseguir usando desde una simple hoja de cálculo, hasta programas que automaticen el inventario como OCS Inventory, por ejemplo. Contando con un inventario es fácil comprobar la identidad de cierto equipo, o bien si se trata de un equipo no identificado.

- **Software para obtener un listado de usuarios conectados:** una vez que tenemos indicios de que se está produciendo un acceso ilegal a nuestra red, es preciso recabar información sobre los equipos conectados a la red. Hay muchas alternativas en este sentido. A continuación se muestran algunas opciones:

  — **Nmap:** si estamos utilizando GNU/Linux, Nmap es una herramienta que permite descubrir *hosts* y servicios en la red. Para poder utilizar Nmap es preciso conocer la dirección de la red. Para encontrarla, podemos utilizar *ifconfig*:

```
host $> ifconfig
wlan0 Link encap:Ethernet HWaddr 71:f3:a2:c2:f2:e9
inet addr:192.168.1.131 Bcast:192.168.1.255 Mask:255.255.255.0
inet6 addr: fe80::73f3:a2ef:fec2:f2e9/64 Scope:Link
UP BROADCAST RUNNING MULTICAST MTU:1500 Metric:1
RX packets:2135051 errors:0 dropped:0 overruns:0 frame:0
TX packets:2013773 errors:0 dropped:0 overruns:0 carrier:0
collisions:0 txqueuelen:1000
RX bytes:1434994913 (1.4 GB) TX bytes:636207445 (636.2 MB)
```

De los campos *inet addr* y *Mask* se puede deducir que la dirección de la red es 192.168.1.0/24. Una vez que conocemos la dirección de la red, se puede proceder a escanearla en busca de los dispositivos de la red:

```
host $> nmap -sP 192.168.1.0/24

Starting Nmap 7.01 ( https://nmap.org ) at 2016-08-04 09:09 CEST
Nmap scan report for 192.168.1.1
Host is up (0.0056s latency).
Nmap scan report for nostromo (192.168.1.131)
Host is up (0.070s latency).
Nmap scan report for intruder (192.168.1.209)
Host is up (0.000093s latency).
Nmap done: 256 IP addresses (3 hosts up) scanned in 2.59 seconds
```

Cuando se haya escaneado la red, se pueden ver los equipos conectados y además se puede consultar en la tabla ARP para comprobar si hay alguna dirección MAC que no está inventariada:

```
host $> arp -n
Dirección          TipoHW   DirecciónHW        Indic Máscara
Interfaz
192.168.1.1        ether    7c:91:22:1e:48:76  C
wlp2s0
192.168.1.209      ether    1c:4b:d9:f8:f3:44  C
wlp2s0
```

— **Wireshark:** una vez que el intruso ha sido detectado, se puede monitorizar el tráfico de red que se genera mediante Wireshark, y conocer si los problemas de rendimiento tienen que ver con el uso que este usuario está haciendo del ancho de banda. Pueden ser válidos dos tipos de captura:

✓ Una captura en modo "monitor" para capturar todos los paquetes 802.11 y poder comprobar las direcciones MAC que están utilizando nuestro punto de acceso.

✓ Una captura Ethernet en un punto intermedio de la red, utilizando *port mirroring* para comprobar qué está haciendo el usuario.

— **Keepass 2:** incluye un generador aleatorio de contraseñas que, en el caso de las redes inalámbricas, es útil para crear claves WPA2 seguras.

Soluciones propuestas

Las medidas que se pretende implementar para evitar que un intruso acceda a la red son las medidas normales para incrementar la seguridad en una red inalámbrica:

• **Usar cifrado WPA2:** desde 2006, los dispositivos con el sello Wi-Fi Certified™ implementan el cifrado WPA2. Se trata de un cifrado que utiliza AES[28] y CCMP[29] para garantizar un nivel de seguridad alto. WPA2 se puede implementar de dos formas:

— **PSK (*Pre-Shared Key*):** es ideal en redes domésticas. El propietario define una clave en el punto de acceso, que deben conocer los usuarios que se conectan a la red. La clave debe ser indicada por el usuario que se conecta

---

[28] El cifrado AES (*Advanced Encryption Standard*), también conocido como Rijndael, es un esquema de cifrado por bloques adoptado como un estándar de cifrado por el gobierno de los Estados Unidos. El AES fue anunciado por el Instituto Nacional de Estándares y Tecnología (NIST) el 26 de noviembre de 2001. Se transformó en un estándar efectivo el 26 de mayo de 2002. Desde 2006, el AES es uno de los algoritmos más populares usados en criptografía simétrica.

[29] CCMP (*Counter Mode CBC-MAC Protocol*) es un protocolo de cifrado diseñado para las comunicaciones inalámbricas que implementa el estándar IEEE 802.11i. Fue diseñado para solucionar los problemas de seguridad del cifrado WEP.

a la red. Cuando se utiliza en redes corporativas, es muy importante emplear una clave adecuada. Para protegerse de los ataques de fuerza bruta, se recomiendan claves aleatorias de al menos 33 caracteres o más (con un máximo de 63 caracteres). Habrá protestas de los usuarios por la longitud, pero estas no durarán mucho, teniendo en cuenta que la clave queda guardada una vez que se ha establecido en un equipo. Para crear claves aleatorias, podemos utilizar un programa como Keepass 2. Por ejemplo, la clave siguiente ha sido generada mediante este programa:

```
|"?OuJzLRlQS!'~Erfx,ARm2zHd],z7K>J:'Vd5H\@e{{p`+An;=D5]F(^v[w9%=
```

Otros recursos para generar contraseñas aleatorias son:

- ✓ www.leemon.com/crypto/MakePass.html
- ✓ https://www.grc.com/passwords.htm

— **WPA2-Enterprise:** es el método recomendado para una red corporativa. Requiere la instalación de un servidor Radius y configurar los puntos de acceso para que utilicen dicho servidor. Con esta configuración, la autenticación es responsabilidad del servidor Radius, que almacena las credenciales de los usuarios. Cuando un usuario intenta conectarse a la red inalámbrica, debe introducir unas credenciales de usuario, que el punto de acceso envía al servidor Radius. Si las credenciales son correctas, el usuario es conectado a la red. Esto mejora la seguridad, ya que el intruso debe conocer las credenciales de un usuario válido para acceder. Existen diferentes soluciones para implementar un servidor Radius:

  - ✓ **Windows Server:** si contamos con un servidor Windows Server, se puede usar el servicio NPS (Network Policy Server).

  - ✓ **FreeRadius:** se trata de una solución libre disponible en GNU/Linux y Windows habitualmente elegida por los administradores.

  - ✓ **Servicios externos:** existen empresas en Internet, como Nowiressecurity.com que ofrecen un servicio Radius para los casos en que no es posible o no se desea contar con un servidor dedicado.

  - ✓ **WPA3:** desde enero de 2018 se anunció WPA3 como el reemplazo de WPA3. No obstante, no ha sido hasta julio de 2020 cuando los dispositivos que usan la certificación de Wi-FiTM soportan WPA3. Este nuevo estándar usa 192 bits en modo WPA3-Enterprise y 128 bits en modo personal.

- **Cambiar el nombre por defecto de la red:** debido al diseño de WPA2, el nombre de la red, o ESSID, es anunciado mediante tramas *broadcast* y se muestra en su forma cifrada también. Los atacantes pueden utilizar *tablas rainbow*[30] para tratar de averiguar la clave. Para mitigar este tipo de vulnerabilidad, el nombre de la red debe ser lo más aleatorio posible. Por ejemplo *ASZumFY2J6Jelbpv8xNWVRqmY8SDF8AX* podría ser un buen nombre.

- **Cambiar el nombre y la contraseña por defecto:** muchos proveedores de Internet configuran sus *routers* inalámbricos con contraseñas generadas automáticamente a partir de información sobre el punto de acceso, como su ESSID y su MAC. Lo malo de este procedimiento es que esta información la anuncia el punto de acceso mediante tramas *broadcast.* Por esta razón, existen aplicaciones que, si conocen el algoritmo con que el ISP genera sus contraseñas, pueden romperlas fácilmente.

- **Otras medidas:** hay medidas que tradicionalmente se han aplicado para asegurar una red inalámbrica. Son medidas que pueden ser efectivas cuando el intruso tiene pocos conocimientos. Estas medidas son:

  — **Ocultar la ESSID:** la ocultación del ESSID evita los paquetes *broadcast* (llamados *beacons*) con los que el punto de acceso anuncia la red. Ocultar la red inalámbrica es poco efectivo, ya que incluso estando oculta es fácil de detectar por el tráfico que intercambia el punto de acceso con los dispositivos conectados. Además, esta medida puede despertar la curiosidad de un atacante con conocimientos, con la certeza de que la red contiene información sensible.

  — **Aplicar filtrado MAC:** consiste en permitir solamente a algunas direcciones MAC el acceso a la red. Todos los puntos de acceso incluyen esta característica. Para utilizarla, hay que introducir una a una las direcciones MAC de los equipos autorizados. Es una tarea fácil pero tediosa. El inconveniente que tiene es que un intruso puede ver fácilmente las MAC de los equipos que están conectados a la red, y suplantarlas.

  — **Desactivar el servicio DHCP en la red inalámbrica:** la idea detrás de esta idea clásica es que un intruso no pueda recibir una configuración de red. Pero esta medida es fácil de superar, ya que un intruso que ya haya conseguido romper la clave, solo tiene que hacer una escaneo de la red para detectar el rango de IP válido. Además, complica bastante la gestión de la red.

---

[30] Las tablas *rainbow* son tablas precalculadas utilizadas para revertir una función criptográfica. Estas tablas se van llenando con palabras aleatorias y sus equivalentes cifrados, de forma que posteriormente a partir del texto cifrado es posible obtener el texto original.

5.2.17. Un servicio de red mal configurado abusa de paquetes *broadcast*

Descripción del problema: un servicio envía gran cantidad de paquetes *broadcast* a la red degradando su rendimiento.

Herramientas para la detección del problema

- **Wireshark:** capturar el tráfico de red es fundamental para entender qué tipo de servicio está degradando el rendimiento de la red. Por ejemplo, en ocasiones un equipo Windows puede generar una gran cantidad de paquetes NetBIOS para resolver una y otra vez los nombres de los *hosts* de la red. Si se está utilizando en la red un servidor DNS (lo que en la actualidad es lo más aconsejable), el tráfico NetBIOS de resolución de nombres es innecesario.

Soluciones propuestas

- Una vez que el servicio problemático ha sido encontrado, se debe corregir su configuración, desactivarlo o bien sustituirlo por otro. En el ejemplo dado anteriormente, la solución podría venir de dos partes:

  - Si el servicio NetBIOS es imprescindible, porque se utilizan servicios antiguos que dependen de él, se puede optar por instalar un servidor WINS para evitar el envío de paquetes *broadcast*.

  - Si el servicio NetBIOS no es estrictamente necesario, se puede optar por desactivarlo y dejar la resolución de nombres al servidor DNS local. Para desactivar NetBIOS en Windows, se debe seguir el siguiente procedimiento:

1. Abrir el *Centro de redes y recursos compartidos*. Después, hacer clic sobre la entrada de la izquierda *Cambiar configuración del adaptador*.

2. Sobre el adaptador conectado a la red en el que deseamos desactivar NetBIOS, hacer clic con el botón derecho del ratón y elegir la opción *Propiedades*.

3. Seleccionar la opción *Protocolo de Internet versión 4 (TCP/IPv4)* y hacer clic sobre el botón *Propiedades*.

4. En la ventana con el título *Propiedades: Protocolo de Internet versión 4 (TCP/IPv4)* hacer clic sobre el botón *Opciones avanzadas...*

5. En la ventana con el título *Configuración avanzada de TCP/IP,* seleccionar la pestaña *WINS* y seleccionar la opción *Deshabilitar* NetBIOS *a través de TCP/IP*.

   Esta desactivación de NetBIOS no es completa. Solamente desactiva el servicio de sesiones NetBIOS, que escucha en el puerto TCP 139. Sin embargo, el servicio SMB, que escucha en el puerto TCP 445, continúa abierto, ya que es necesario para compartir archivos e impresora.

5.2.18. Una MAC ha sido bloqueada administrativamente y ya no es necesario

Descripción del problema: un *host* no consigue conectarse a la red inalámbrica sin razón aparente.

Herramientas para la detección de problemas

- **Documentación de la red:** si se está aplicando filtrado MAC, deberían registrarse en la documentación de la red las direcciones MAC filtradas. De este modo, resulta sencillo comprobar si una dirección MAC está siendo bloqueada.

Soluciones propuestas:

- **Registrar la MAC filtrada:** si la dirección MAC no estaba registrada en la documentación, añadirla. Si la documentación estaba al día, corregir la configuración del punto de acceso.

- **Desactivar el filtrado MAC:** es la mejor solución, ya que la especificación de las MAC en los puntos de acceso es un proceso tedioso, fácil de vulnerar y que puede acarrear inconvenientes a los usuarios. La seguridad debe centrarse en un cifrado robusto.

5.2.19. Bucles entre *switches* de la red

Descripción del problema: hay una tormenta *broadcast* de forma permanente en la red.

Herramientas para detectar el problema

- **Indicadores luminosos de los puertos de los *switches*:** cuando un bucle está colapsando la red, los *switches* están enviando tramas por difusión por cada uno de sus puertos. Por ello, el comportamiento habitual es un parpadeo rápido, simultáneo y continuo en todos los puertos activos del *switch*. Si la red está caída y los *switches* parpadean frenéticamente, es indicativo de que hay un bucle.

- **Wireshark:** cuando se produce un bucle entre varios *switches*, una supervisión de la red revelará que ciertas tramas se repiten una y otra vez. Un análisis estadístico de las direcciones MAC de las tramas registradas revelará un pequeño conjunto de direcciones que se repiten mucho, así como un gran número de tramas *broadcast*. Para poder comprobar rápidamente si las tramas son *broadcast,* desde Wireshark se puede emplear el procedimiento empleado en la sección 5.1.1.4.

Soluciones propuestas

- **Encontrar y deshacer el bucle:** la búsqueda del bucle puede ser una tarea complicada, ya que puede darse entre varios *switches* a través de un cable poco sospechoso. La puerta de cristal de los gabinetes de comunicaciones debe tener pegado uno o varios papeles con la descripción de las interconexiones. Si dicha documentación es exhaustiva, resultará más fácil encontrar el problema.

- **Implementar el protocolo STP:** el protocolo STP (*Spanning Tree Protocol*) desactiva automáticamente los puertos implicados en un bucle. Está estandarizado por el protocolo IEEE 802.1D. Internamente STP organiza los *switches* y los puertos de los *switches* del siguiente modo:

  — El *switch* principal es designado *puente raíz.*

  — Un puerto de cada *switch* que no es puente raíz es designado como *puerto raíz.*

  STP utiliza esta información para encontrar caminos duplicados y desactivar los puertos que participan en aquellos de mayor coste. No todos los *switches* implementan STP, por lo que hay que comprobar en las especificaciones si implementan el estándar IEEE 802.1D o alguna otra versión de STP[31]. Los *switches* no gestionables que implementan STP lo aplican de manera automática. Los *switches* gestionables pueden requerir su activación. En los *switches* de gama baja, el protocolo STP suele admitir solo dos configuraciones: activado o desactivado. En los *switches* gestionables de gama media y alta, STP también funciona automáticamente, pero además permite configuraciones más avanzadas para definir administrativamente diferentes parámetros del protocolo, como la designación del puente raíz, por ejemplo, y ajustar el comportamiento por defecto de STP.

5.2.20. Tormentas de difusión no provocadas por un bucle entre *switches*

Descripción del problema: hay una tormenta de difusión aunque los *switches* implementan STP.

Herramientas para detectar el problema

- **Indicadores luminosos de los puertos de los *switches*:** al igual que ocurre con los bucles entre *switches,* los indicadores luminosos de los puertos de los *switches* parpadean rápidamente y a la vez.

---

[31] Existen múltiples versiones de STP, que han ido apareciendo como mejoras en la convergencia del protocolo, es decir, el tiempo que tarda en resolver un bucle. Las diferentes versiones de STP son, por orden de aparición, IEEE 802.1D, IEEE 802.1s, IEEE802.1w e IEEE 802.1aq.

- **Wireshark**: mediante Wireshark se puede realizar un análisis de las tramas, buscando un exceso de paquetes *broadcast* o buscando direcciones IP de la red que aparecen repetidas con diferente dirección MAC.

- **Herramientas de monitorización de la red:** en el mercado existen muchas aplicaciones para el control del tráfico. Por lo general, la instalación y la configuración de estas aplicaciones requiere conocimientos más profundos de los transmitidos en este libro. Nagios es un ejemplo de herramienta libre capaz de hacer casi cualquier cosa. Si se dispone de una de estas herramientas instaladas, se podrá observar una tormenta de difusión cuando se dé un aumento brusco del tráfico, por encima de un umbral establecido.

Soluciones propuestas

- **Activar la característica *Broadcast Storm Control*:** muchos *switches* incluyen una característica de control de tormentas de difusión, que se suele denominar *Broadcast Storm Control* o *Storm Control*. Esta característica permite establecer umbrales de tráfico máximo en los puertos de un *switch*. Cuando se supera el umbral especificado, las tramas son descartadas. Los *switches* de gama media y alta permiten definir parámetros adicionales para especificar el modo en que se debe gestionar el tráfico sobrante. Por ejemplo, se puede descartar el tráfico excedente por un tiempo limitado, o bien hasta que disminuya.

5.2.21. Ataques de envenenamiento ARP

Descripción del problema: hay un *host* que está suplantando la identidad de otro.

Herramientas para la detección del problema

- **ArpWatch:** arpWatch es una herramienta disponible para GNU/Linux que va registrando las notificaciones ARP que se producen en la red. Fue descrita en la sección 5.1.10. Cuando un *host* cambia su dirección física, ARP lo detecta y lo anuncia. ArpWatch puede configurarse para que envíe un correo al administrador de la red cada vez que detecte un cambio de este tipo. Existen otras herramientas similares a ArpWatch, como ArpON, XArp o AntiARP.

- **Dispositivos físicos de control de ARP:** existen dispositivos físicos (*appliances*), como ARPDefender que realizan la misma función que las herramientas *software*, pero con un dispositivo dedicado.

Soluciones propuestas

- **Uso de entradas estáticas en las tablas ARP:** las tablas ARP contienen dos tipos de entradas:

— **Entradas ARP dinámicas:** son entradas que se generan cuando un *host* recibe un anuncio ARP. Estas entradas se crean y tienen una duración limitada. Una vez que termina el periodo de validez, son eliminadas de la tabla.

— **Entradas ARP estáticas:** son entradas introducidas manualmente en el equipo sin limitación de tiempo.

Las entradas ARP estáticas se pueden configurar para ciertos servicios críticos. Para ello, las entradas deben ser añadidas en el nodo origen y el nodo destino. Esta práctica no es adecuada para su aplicación en todos los nodos de una red grande, ya que si dicha red tiene *n* nodos, entonces habría que introducir n^n entradas ARP estáticas.

- *Dynamic ARP Inspection* **(DAI):** algunos *switches* y *routers* incluyen una característica llamada *Dynamic ARP Inspection*. Esta característica permite definir los puertos como "confiables" y "no confiables". DAI intercepta las peticiones y respuestas ARP que transiten por los puertos no "confiables", además las valida contra una base de datos externa que contiene las direcciones auténticas.

5.2.22. Cambios en la red que provocan efectos no deseados

Descripción del problema: se ha producido un cambio repentino en el rendimiento de la red o bien está caída.

Herramientas para la detección del problema

- **Traceroute:** esta herramienta permite conocer la dirección IP de los *routers* que atraviesa un paquete para llegar a su destino. Ejecutándola en un *host* de la red ubicado en un punto de la red afectado por el cambio de una ruta, se puede detectar un cambio en la ruta que están siguiendo los paquetes, e incluso identificar el *router* en qué ha cambiado. Para que esta estrategia funcione, el administrador de la red debe conocer la ruta que deberían estar siguiendo los paquetes.

- **Herramientas de monitorización:** muchas herramientas de monitorización permiten controlar los cambios producidos en las rutas configuradas en los *routers* de la red. Existen tanto herramientas de pago como herramientas libres, como Nagios, que con la instalación del *plugin* adecuado realizan esta tarea de control. Cuando se da una incidencia con las rutas, se puede analizar el historial de cambios y comprobar qué cambio se ha producido y en qué *router*.

Soluciones propuestas

Un cambio en las rutas configuradas en un *router* de la red puede deberse a dos motivos:

- **Un protocolo de enrutamiento dinámico:** los protocolos de enrutamiento dinámico mantienen las tablas de rutas mediante el intercambio de mensajes entre *routers*. La ventaja que reportan es que se adaptan a los cambios que se producen en la red, eligiendo la ruta más adecuada en cada momento. Cuando las rutas existentes en los *routers* reflejan el estado real de la red y los paquetes son correctamente enrutados, se dice que la red es convergente. Los protocolos más habitualmente utilizados en las redes son OSPF, RIP y BGP. Bajo ciertas circunstancias, los protocolos de enrutamiento pueden llevar a la red a un estado de "no convergencia". Para detectar y corregir estas circunstancias, es preciso estar familiarizado con el protocolo de enrutamiento que se está utilizando. Una vez que el problema ha sido aislado y diagnosticado, debe procederse a hacer los cambios necesarios en la red para corregir el problema.

- **Una introducción manual de la ruta:** un administrador de la red puede introducir manualmente rutas concretas que no van a cambiar en ningún caso. Si un administrador ha introducido una ruta equivocada, puede provocar un problema en el tráfico de la red. Las rutas estáticas deberían estar reflejadas en la documentación de la red. Si tras aislar y diagnosticar el problema finalmente se llega a la conclusión de que el problema está en una ruta estática, se puede consultar la documentación para volver a un estado anterior.

5.2.23. Problemas en los niveles físico y de enlace que provocan problemas a nivel de red

Descripción del problema: un problema físico o de enlace degradan el rendimiento de la red.

Herramientas para diagnosticar el problema

- **Traceroute:** usando Traceroute podemos ver en qué punto se interrumpe el tráfico en dirección hacia su destino.

- **Herramientas de monitorización:** las herramientas de monitorización, como Nagios, permiten detectar rápidamente que un dispositivo ha quedado fuera de servicio.

Soluciones propuestas

Algunos de los problemas del nivel físico ya fueron analizados en la sección 2.2.2.2. Si el problema está relacionado con un *router,* se debe consultar la documentación del mismo para resolver el problema.

5.2.24. Configuración del *host:* hay un servidor DHCP no autorizado en la red (*rogue DHCP*)

Descripción del problema: un servidor DHCP sin control está asignando configuraciones de red erróneas a los *hosts* de la red.

Herramientas para detectar el problema

- **ipconfig o ifconfig:** con *ipconfig* (en el caso de Windows) o *ifconfig* (en el caso de GNU/Linux) podemos consultar la configuración de red de un *host* de la red al que se le ha asignado una configuración errónea.

- **ARP:** cuando un *host* recibe una configuración DHCP errónea, como mínimo ha mantenido contacto con el falso servidor DHCP. Esto quiere decir que la tabla ARP contiene un registro de la dirección MAC del falso servidor. Mediante el comando *arp* se puede consultar la tabla ARP para conocer dicha dirección MAC. De hecho, es probable que el *host* no haya podido comunicar con ningún otro, dado que la configuración de red es errónea, por lo que la tabla ARP probablemente contendrá como única entrada la dirección MAC del falso servidor DHCP.

- **Wireshark:** mediante Wireshark se puede hacer una captura del tráfico de la red para comprobar si el falso servidor DHCP está aún activo.

Soluciones propuestas

- **Bloquear temporalmente el acceso a la red al falso servidor DHCP:** esta es una medida muy temporal que tiene como objetivo contener el problema de forma inmediata. Si se ha conseguido obtener la dirección MAC del falso servidor DHCP mediante el comando *arp*, el siguiente paso es comprobar las tablas CAM de los *switches* de la red. La forma de realizar esto varía de un *switch* a otro, pero todos los *switches* gestionables permiten hacerlo. En la tabla CAM de cada *switch* se puede ver el puerto por el que llegan las tramas asociadas a una dirección MAC. En nuestro caso, la dirección MAC que nos interesa es la del falso servidor DHCP. El proceso para bloquear al falso servidor DHCP es el siguiente:

  1. Mientras no se haya resuelto el problema, consultar la tabla CAM en el *switch* gestionable en el que nos encontramos y localizar la dirección MAC del falso servidor DHCP.

2. Si la dirección está asociada a un puerto troncal, entonces ir hasta el *switch* que está al otro lado del cable. Volver al paso 1. En caso contrario, ir al paso 3.

3. Si la dirección está asociada a un puerto de acceso, entonces bloquear el puerto desactivando la interfaz administrativamente.

Siguiendo estos pasos se desactiva el puerto del *switch* al que se conecta el falso servidor DHCP, con lo que ya estamos conteniendo el problema y además hemos localizado el lugar donde se encuentra. Pero esta medida puede ser muy inconveniente, puesto que el servidor DHCP podría ser una máquina virtual ejecutándose junto a muchas otras en un único servidor de virtualización, por lo que además del falso servidor DHCP, hemos podido bloquear a muchas otras máquinas virtuales que están ejecutando servicios importantes. Por ello, esta es únicamente una medida de contención.

- **Utilizar *DHCP snooping*:** muchos *switches* implementan una característica llamada *DHCP snooping*. Los *switches* que implementan *DHCP snooping* ofrecen una gama de opciones para definir de manera precisa el modo en que se manejarán los paquetes DHCP. En general, los paquetes que se descartan mediante *DHCP snooping* son los siguientes:

— **Mensajes DHCP no de confianza:** en el *switch* se definen los puertos que están conectados, ya se directa o indirectamente, al auténtico servidor DHCP. De esta forma, cuando un falso servidor envía paquetes DHCP por un puerto definido como "no de confianza", los paquetes DHCP son descartados.

— **Discrepancia de dirección MAC:** aquellos paquetes que incluyen una dirección MAC diferente en la trama Ethernet y en el paquete DHCP son descartados.

— **Falsos mensajes *DHCP Release* o *DHCP Decline*:** el protocolo DHCP incluye varios tipos de mensaje. Dos de estos mensajes son:

  ✓ ***DHCP Decline*:** si un cliente DCHP determina que la configuración ofertada por el servidor DHCP no es válida (porque la dirección IP ya está siendo ocupada por otro *host*, por ejemplo), envía un paquete *DHCP Decline* al servidor para comenzar el proceso de solicitud de nuevo.

  ✓ ***DHCP Release*:** es enviado por un cliente DHCP para indicar al servidor que libere la concesión que el servidor le asignó anteriormente.

Cuando uno de estos mensajes es recibido por un puerto del *switch* diferente al puerto por el que se mantuvo la conversación DHCP entre el cliente y el servidor, el mensaje es descartado, ya que podría provenir de un usuario malintencionado que desea finalizar una concesión legítima.

Desde una perspectiva del diseño de la red, la característica *DHCP snooping* es una característica de la capa de acceso, por lo que los *switches* ubicados en gabinetes de comunicaciones son los candidatos perfectos para habilitarla.

5.2.25. Configuración del *host*: una estación de trabajo utiliza una configuración de red estática en lugar de dinámica

Descripción del problema: un único *host* tiene una configuración de red anómala, que utiliza una dirección y un rango de red extraño.

Herramientas para detectar el problema

- **Network Manager:** en las distribuciones GNU/Linux basadas en entorno de escritorio es conveniente decantarse por un único método para configurar las interfaces de red. El programa Network Manager permite hacerlo de forma gráfica. A través del programa también se puede revisar la configuración aplicada actualmente.

- **Archivo de configuración:** la configuración de las interfaces de red en GNU/Linux se puede realizar a través de archivos de configuración. Dependiendo de si la distribución es una derivada de RedHat o de Debian, el archivo de configuración se encontrará en un lugar u otro.

- **Ventana *Propiedades: Protocolo de Internet versión 4 (TCP/IPv4)*:** en sistemas Windows la configuración de la red se puede comprobar en la ventana *Propiedades: Protocolo de Internet versión 4 (TCP/IPv4)*.

Soluciones propuestas

Abrir la consola de configuración de la interfaz de red, según el sistema operativo, para comprobar la configuración, y modificarla para activar la configuración por DHCP.

5.2.26. Hay un problema con el ISP

Descripción del problema: la red experimenta un problema de rendimiento o de otro tipo al acceder a servicios ubicados fuera de la red.

Herramientas para detectar el problema

- **Ping:** mediante la herramienta Ping se puede comprobar si se puede alcanzar la puerta de enlace, así como otros nodos de la red. Si la puerta de enlace responde a los *ping*, puede significar que el problema está en el ISP.

- **Traceroute:** trazando la ruta de los paquetes que se dirigen a un servidor en Internet se puede comprobar en qué punto quedan bloqueados. Si el punto de bloqueo es la puerta de enlace de la red, puede indicar que el problema está en la red del ISP.

Soluciones propuestas

- Informar del problema al ISP, detallando las pruebas realizadas.

- Si el problema se posterga en el tiempo y se dispone de un *router* alternativo conectado a Internet, reconfigurar temporalmente el servidor DHCP definiendo dicho *router* como puerta de enlace, una vez que el problema haya sido resuelto.

5.2.27. Configuración del *host*: hay una dirección IP duplicada

Descripción del problema: algunos *hosts* no pueden alcanzar un servicio de la red, mientras que otros sí pueden. La dirección física asociada al servidor que aparece en la tabla ARP de los *hosts* que no lo pueden alcanzar no coincide con la dirección MAC de dicho servidor.

Herramientas para detectar el problema

- **Notificación de Windows:** cuando se produce un conflicto de IP en un equipo con Windows instalado, se abre una notificación de error con un mensaje similar al siguiente: "Windows detectó un conflicto en la dirección IP". El texto del aviso puede variar dependiendo de la versión de Windows. Dado que la mayoría de usuarios dispone utiliza Windows como sistema operativo de escritorio, el administrador de la red recibirá información precisa del usuario sobre la fuente del problema.

- **Dirección APIPA en la interfaz de red:** no siempre se obtendrá un mensaje indicando un conflicto de IP en Windows, ya que en la mayoría de los casos Windows asignará una dirección APIPA a la interfaz de red. Una dirección APIPA siempre pertenece al rango 169.254.0.0/16 y es asignada por Windows a las interfaces de red cuando existe un problema con la configuración. Además de un conflicto IP, existen más motivos por los que una interfaz de red puede obtener una dirección APIPA. Por ello, este indicio debe acompañarse de más pruebas que permitan concluir que el problema es un conflicto de IP.

- **Arping:** la herramienta Arping disponible en sistemas GNU/Linux permite comprobar si una dirección IP está duplicada, así como la dirección MAC de los *hosts* que la utilizan. Por ejemplo, para comprobar si hay un conflicto con la dirección IP 192.168.0.10, el comando a ejecutar es como el siguiente:

```
host $> arping -I etho -c 2 192.168.0.10
ARPING 192.168.10.129 from 192.168.10.230 wlan0
Unicast reply from 192.168.0.10 [08:00:27:39:6B:7C] 2.025ms
Unicast reply from 192.168.0.10 [08:00:27:F4:32:0D] 2.617ms
Unicast reply from 192.168.0.10 [08:00:27:F4:32:0D] 1.868ms
Sent 2 probes (1 broadcast(s))
Received 3 response(s)
```

- Cuando hay un conflicto de IP, la primera consulta ARP devolverá dos resultados dispares, lo que indica que se está produciendo un conflicto de IP.

- **Wireshark:** mediante Wireshark es posible detectar que se está produciendo un conflicto de IP utilizando el siguiente filtro: *arp.duplicate-address-detected.*

- **Documentación de la red:** las direcciones IP estáticas y el rango DHCP deben estar recogidos en la documentación de la red. Las direcciones estáticas deben dejarse para servicios importantes que no puedan depender del servidor DHCP para funcionar. Al consultar la documentación, el administrador de la red debe poder saber qué servicios hay detrás de una cierta dirección estática.

Soluciones propuestas

- **Refrescar la dirección IP:** si estamos ante un equipo que configura su interfaz de red por DHCP, la forma más sencilla de solucionar el conflicto consiste en refrescar la dirección IP desactivando y volviendo a activar la interfaz de red.

- **Utilizar una dirección de red diferente:** hay que comprobar en la documentación de la red lo siguiente:

  — No se está usando una dirección IP dentro del rango DHCP. Si es el caso, se debe asignar una dirección estática fuera de él.

  — No se está utilizando la dirección IP estática de otro *host* de la red. En tal caso, se debe elegir una dirección IP estática que no se encuentre entre las usadas, y registrarla en la documentación de la red.

  Antes de asignar una dirección IP estática definitiva, se debe comprobar que dicha dirección no está en uso. Esto se puede conseguir haciendo *ping* desde un *host* sin problemas de red a la dirección IP elegida y comprobando que en la tabla ARP no hay entradas para dicha dirección IP.

- **Excluir la dirección IP duplicada del rango DHCP:** si el *host* que está provocando el conflicto IP se encuentra fuera de nuestro control, se puede excluir temporalmente la dirección IP del rango DHCP, hasta que se pueda aplicar una solución mejor.

- **Bloquear la dirección MAC en la red:** algunos *switches* permiten bloquear administrativamente una cierta dirección MAC. Mediante las herramientas Arp, Wireshark y Arping se puede obtener la dirección MAC del *host* que provoca el conflicto. Si no es posible localizar la ubicación del *host* problemático, una opción pasa por bloquear su dirección MAC en los *switches* de la capa de acceso a la red.

5.2.28. Se ha agotado el rango DHCP

Descripción del problema: los *hosts* que se encienden a partir de un cierto momento no reciben su configuración de red.

Herramientas para detectar el problema

- **ipconfig e ifconfig:** mediante *ipconfig* (en Windows) e *ifconfig* (en GNU/Linux) se puede consultar la configuración de red y comprobar que, en el caso de Windows, la interfaz de red ha recibido una dirección APIPA, y en el caso de GNU/Linux, no ha recibido una configuración de red.

- **Wireshark:** supongamos que tenemos un servidor DHCP con dirección 192.168.0.200. Cuando un cliente DHCP realiza una solicitud de configuración de red, la secuencia de mensajes que se produce (a nivel de red) se muestra en la Tabla 5.1.

Tabla 5.1. Direcciones IP de los paquetes asociados a los mensajes DHCP intercambiados en una concesión

Orden	Tipo de mensaje	IP origen	IP destino	Sentido del destino
1	*DHCP Discover*	0.0.0.0	255.255.255.255	Cliente a servidor
2	*DHCP Offer*	192.168.0.200	255.255.255.255	Servidor a cliente
3	*DHCP Request*	0.0.0.0	255.255.255.255	Cliente a servidor
4	*DHCP Ack*	192.168.0.200	255.255.255.255	Servidor a cliente

- Cuando el rango de direcciones DHCP (o *ámbito* si usamos la terminología de Windows Server) se ha agotado, el cliente envía mensajes de tipo *DHCP Discover* para encontrar un servidor DHCP, pero no recibe respuesta. El servidor se mantiene en silencio. Utilizando Wireshark podremos ver cómo un determinado *host*, identificado por su MAC, envía[32] continuamente mensajes de tipo *DHCP Discover* que no reciben por respuesta un mensaje *DHCP Offer*. Esto es un indicio de que algo no marcha bien con el servidor DHCP.

---

[32] Los paquetes que contienen los mensajes DHCP tienen como dirección IP destino 255.255.255.255, es decir, la dirección *broadcast,* lo que quiere decir que los paquetes llegarán a todos los puntos de la LAN, incluido el *host* que ejecuta Wireshark.

- **Registro de eventos del servidor DHCP:** los servidores DHCP mantienen un registro de eventos donde registran su actividad. Si se ha producido un agotamiento del rango DHCP, habrá quedado registro de ello. Dependiendo de si el servidor es Windows Server o GNU/Linux, la ubicación del registro y el formato del mensaje serán diferentes:

  — En Windows Server: el registro de eventos está activado por defecto desde Windows Server 2012, pero no en versiones anteriores. La documentación *online*[33] de Microsoft explica cómo activarlo en Windows Server 2008 y anteriores.

    La ruta donde se encuentran los archivos del registro de eventos es C:\Windows\System32\dhcp\. Un archivo de registro de eventos tiene un nombre similar a *DhcpSrvLog-Mar.log* (en caso de haberse generado un martes). Un agotamiento de concesiones se registra en una línea del archivo del siguiente modo:

14,09/20/16,13:09:20, Ámbito lleno, **192.168.0.0**,,,,0,6,,,,,,,,,0

    La información más relevante de esta línea es:

    ✓ ID del evento (*14*): identificador de evento de tipo ámbito agotado.

    ✓ Descripción ("Ámbito lleno"): describe el tipo de evento.

    ✓ Ámbito agotado (*192.168.1.0*): un servidor DHCP puede hacer concesiones para varias redes diferentes. Este parámetro indica la dirección de red (ámbito DHCP en terminología Microsoft) para que se han agotado las direcciones.

  — **En GNU/Linux:** un servidor GNU/Linux guarda los registros de eventos en la carpeta */var/log/*. El archivo en cuestión depende de la distribución. En distribuciones derivadas de RedHat el archivo se llama *messages;* mientras que en derivadas de Debian, el archivo de llama *syslog*. Cuando se ha producido un agotamiento del rango DHCP, podremos ver una línea como la siguiente:

DHCPDISCOVER from **00:40:ee:37:f3:d2** via eth0: network **192.168.0.0/24: no free leases**

    Esta línea indica que un cliente DHCP con dirección MAC 00:40:ee:37:f3:d2 ha solicitado una configuración de red, pero el rango DHCP de la red 192.168.0.0/24 está agotado.

---

[33] *https://technet.microsoft.com/en-us/library/dd759178(v=ws.11).aspx.*

Soluciones propuestas

- **Ampliar el rango de direcciones IP:** muchos administradores de red dejan bloques de direcciones IP fuera del rango DHCP reservadas para situaciones no previstas, como por ejemplo:

  — Nuevos servidores que necesitarán direcciones IP estáticas.

  — Direcciones IP estáticas de uso temporal.

  — Agotamiento del rango DHCP.

  Si quedan direcciones IP en esta reserva que no se están utilizando, se puede ampliar el rango añadiendo una parte al rango DHCP agotado.

- **Reducir la duración de las concesiones:** en muchas ocasiones la duración de las concesiones DHCP no se ajusta al valor óptimo, y quedan reservadas aunque los clientes DHCP ya no las estén usando. Si la variabilidad de usuarios en la red es alta, es preferible una duración corta (de 6 a 12 horas) para que las concesiones sean liberadas lo antes posible.

- **Utilizar asignación manual por dirección MAC:** el agotamiento del rango podría afectar a un usuario clave que no puede quedarse sin configuración de red. Por usuario clave se entiende uno que cumple una función determinante en la organización o en la administración de los sistemas, como cargos directivos, usuarios importantes, administradores de sistemas, etc. La asignación manual por dirección MAC garantiza que estos usuarios siempre dispondrán de su configuración de red, incluso en caso de agotamiento de rango DHCP.

- **Separar el rango DHCP a otra red:** cuando no existe otra alternativa, se puede plantear la posibilidad de mover el rango DHCP agotado a una nueva red que tenga la dimensión adecuada. Esta opción no es óptima, ya que requiere cambios en cuanto a configuración de los dispositivos de la red, lo que siempre es un riesgo.

5.2.29. Otros

Hay algo que un administrador de redes debe entender:

- El número de incidencias diferentes que se pueden dar en una red es muy grande, mucho mayor que la pequeña muestra de incidencias mostradas en el presente libro.

- La solución a una incidencia puede no ser inmediata. La mayoría de las veces la solución es más o menos evidente, pero en ocasiones no lo es. En estos casos, la solución siempre llega de la mano de tres fuentes combinadas:

  — El registro de eventos.

  — Documentación del servicio.

  — Foros que incluyan consultas sobre la misma incidencia.

En definitiva, un administrador de redes debe tener conocimientos sobre el funcionamiento de la red y las incidencias más comunes, pero es imposible saberlo todo. Por ello, un buen administrador de redes resuelve incidencias aunque no esté familiarizado con ellas, aplicando unos criterios de detección y diagnóstico exhaustivos, como los expuestos en el Capítulo 3.

ACTIVIDADES

5.1. Instala la aplicación Wireshark en tu ordenador. Recuerda que el método de instalación depende del sistema operativo que estés usando. Si estás utilizando una distribución de GNU/Linux, utiliza la herramienta *apt-get* en el caso de distribuciones derivadas de Debian, o bien *yum* en el caso de distribuciones derivadas de RedHat.

5.2. Realiza una captura del tráfico de red con Wireshark. En esta captura no es necesario que apliques ningún filtro.

5.3. Elige una de las tramas capturadas y examina su cabecera. Extrae los siguientes datos:

- Dirección MAC de origen.
- Dirección MAC de destino.
- Dirección IP de origen.
- Dirección IP de destino.

5.4. Averigua la dirección IP de tu puerta de enlace. Después, haz *ping* en dicha dirección IP. Finalmente, aplica un filtro en Wireshark para localizar todos los paquetes dirigidos a la dirección IP de la puerta de enlace. Localiza los paquetes ICMP que se han generado al ejecutar el comando *ping*.

5.5. Supón que necesitas aplicar un filtro para localizar todos los paquetes dirigidos al puerto 443 (HTTPS). Investiga en la cabecera del protocolo TCP (*Transmission Control Protocol*) el nombre del filtro necesario. ¿Qué aspecto tiene el filtro buscado?

5.6. Visualiza el campo *Puerto de destino* con el que trabajaste en el ejercicio anterior en la lista de paquetes como una columna más.

5.7. Obtén una estadística con las tres direcciones IP de destino más repetidas durante la captura. Indica qué direcciones son y qué porcentaje de repetición tienen.

5.8. Busca la conexión HTTP (puerto 80) en la que más datos se han transmitido. Después aplica un filtro para visualizar los paquetes de dicha conversación. Indaga en la cabecera HTTP para averiguar la URL de la página relacionada con dicho tráfico.

5.9. ¿Para qué sirve la características *port mirroring* que implementan muchos *switches* gestionables?

5.10. Busca en la página del fabricante de *switches* TP-Link el manual de usuario del *switch* TL-SG3424P. Investiga en el documento sobre la forma de aplicar *port mirroring* sobre uno de sus puertos.

NOTA: En la página http://www.tp-link.es/emulators.html puedes encontrar simuladores de los *switches* de TP-link. En los menús desplegables de la página, selecciona las opciones siguientes:

- Para la empresa
- *Switches* JetStream
- *Switches* gestionables

Después, en la lista de switches disponibles, elige el modelo TL-SG3424P con versión de hardware V3.26. Ten en cuenta que se trata solo de un simulador, por lo que en realidad no se pueden aplicar cambios, pero al menos puedes ver las secciones y los menús directamente.

5.11. Imagina que administras un servidor GNU/Linux y deseas examinar la tasa de transferencia instantánea de dicho servidor desde la terminal. ¿De qué modo podrías hacerlo?

5.12. Supón que estás administrando una red y deseas conocer qué servicios, incluyendo su versión, están ejecutándose en el servidor con dirección IP 172.16.12.10. ¿Cómo podrías hacerlo mediante la herramienta Nmap?

5.13. ¿Y si ahora quisieras saber qué *hosts* están conectados a la red empleando Nmap?

5.14. Además de iniciar sesiones de terminal remota, el comando *telnet* se puede utilizar para otras cosas. ¿De qué cosas se trata?

5.15. Obtén un listado de los puntos de acceso inalámbricos de tu entorno. ¿Cuál de ellos tiene mayor calidad de señal? Puedes hacer este ejercicio tanto el Windows como en GNU/Linux.

5.16. Crea un repositorio de contraseñas empleando la aplicación Keepass 2 y guárdalo en una carpeta de Dropbox. Asigna al repositorio una contraseña larga. Almacena en dicho repositorio dos o tres claves. Después cierra Keepass 2. Instala en un teléfono móvil la aplicación Keepass 2 y configura la cuenta de Dropbox que utilizaste al guardar el repositorio de claves. Finalmente, trata de abrir el repositorio desde el teléfono móvil.

5.17. Utiliza la aplicación Arpwatch para obtener un listado con las nuevas entradas de la tabla ARP de tu ordenador.

5.18. Explica qué función tiene el servicio Nagios. Pon tres ejemplos diferentes en los que Nagios te sería de ayuda.

5.19. ¿Qué es un navegador MIB?

5.20. Explica de qué forma puedes averiguar la MTU hasta un *host* remoto.

5.21. Sospechas que en tu red hay tráfico excesivo. Explica qué procedimiento o procedimientos seguirías para comprobarlo. ¿Cómo lo solucionarías?

5.22. Uno de los *hosts* de la red no tiene conectividad y deseas comprobar si tiene una configuración estática incorrecta. Indica el procedimiento que seguirías para comprobarlo.

5.23. ¿De qué forma podrías comprobar el servidor DNS que utiliza un *host* con GNU/Linux instalado?

5.24. Un usuario de la red te informa de que "no tiene Internet". Sin embargo has comprobado que tiene conectividad, porque has podido hacer *ping* a la puerta de enlace y a una dirección IP de un servidor en Internet. ¿Qué otras pruebas harías si sospecharas que es un problema de resolución de nombres?

5.25. Un usuario te informa de que no puede acceder a una página a la que accede habitualmente, pero puede acceder al resto. ¿De qué modo procederías para diagnosticar y, de ser posible, solucionarlo?

5.26. Recibes consultas de usuarios de tu red que se muestran extrañados porque no han recibido ningún correo electrónico en toda la mañana. ¿Qué procedimiento seguirías para comprobar el problema?

5.27. Cuando se envían trabajos de impresión a una impresora compartida en red mediante un servidor de impresión, no se imprime ningún documento. Explica de qué modo actuarías para resolver el problema.

5.28. Periódicamente compruebas que los indicadores luminosos de los *switches* de la red parpadean todos a la vez y de manera continua. Este comportamiento se prolonga en el tiempo durante varios minutos. ¿Qué crees que puede estar pasando? ¿Qué actuaciones llevarías a cabo para diagnosticar el problema?

5.29. Suponiendo que en el ejercicio anterior has determinado que el dominio *broadcast* es demasiado grande, ¿qué opciones tienes para resolver el problema?

5.30. Explica qué debes hacer si deseas comprobar si están descartándose parte de las tramas recibidas. ¿A qué se puede deber este hecho?

5.31. Un usuario reporta que su conexión inalámbrica a Internet es muy lenta. Cuando te presentas en el lugar donde está el usuario, deseas comprobar si la calidad de la señal es buena. ¿De qué modo lo harías?

5.32. Suponiendo que en el ejercicio anterior has determinado que la señal es débil, ¿qué solución aportarías?

5.33. Un usuario de la red te informa de que pese a estar muy próximo al punto de acceso, la conexión a Internet se pierde continuamente o bien la señal es débil. ¿Qué crees que puede estar pasando? ¿Cómo lo comprobarías?

5.34. Explica algunos procedimientos que puedes seguir para dificultar a un intruso conectarse a tu red inalámbrica.

5.35. ¿En qué consiste el filtrado MAC?

5.36. ¿De qué modo se puede producir un bucle entre *switches*? ¿Cómo se puede evitar que un bucle entre *switches* provoque una tormenta de difusión?

5.37. Si estás protegido contra los bucles entre *switches*, pero aun así se está produciendo una tormenta de difusión, ¿qué puedes hacer?

5.38. Has detectado mediante *ArpWatch* que un *host* está suplantando la puerta de enlace de la red. ¿Qué mecanismos tienes a tu alcance para resolver este problema?

5.39. Se están realizando algunos cambios en la red. Parte de ellos se están llevando a cabo durante el horario de oficina. Deseas evitar que la caída de un enlace deje sin conexión Internet a los usuarios. ¿Con qué mecanismo puedes dotar a la red para que se adapte automáticamente a los cambios y genere nuevas rutas que redirijan el tráfico por los enlaces disponibles?

5.40. Un usuario con pocos conocimientos ha traído de su casa un *router* inalámbrico que dispone de un servidor DHCP activado. Al conectar el *router* a la red, este empieza a distribuir una configuración errónea al resto de la red. ¿De qué modo puedes averiguar qué está pasando? ¿Existe algún mecanismo que permita evitar que esta situación se repita en el futuro?

5.41. Los usuarios reportan que no tienen acceso a Internet. ¿Qué pruebas deberías hacer para confirmar que se trata de un problema con la red del ISP?

5.42. ¿De qué forma puedes averiguar si hay una dirección IP duplicada? ¿A qué se puede deber que haya una dirección IP duplicada?

5.43. ¿Qué significa que el servidor DHCP no asigna nuevas direcciones porque ha agotado su rango? Expón dos o tres soluciones al problema.